# 世界と日本の宗教
宗教初心者のための宗教入門

森本　聡

勁草書房

# はじめに

　本書は、特定の宗教とはかかわりのない大学（仏教系やキリスト教系などではない大学）で、宗教に予備知識のない大学1・2年生の受講者を対象に、セメスター制で宗教についての講義をおこなうための教科書として書かれたものである。日本人の多くは無宗教であると言われているが、その無宗教の内実は、ほぼ、神道などの自然宗教は喜んで受け入れるが、キリスト教やイスラーム（イスラム教）などの一神教には違和感を感じるというものであろう。実際、正月には多くの日本人が初詣のために神社仏閣に参拝したり、子供が一定の年齢に達すれば七五三に出かけたりする。本書はそのような「無宗教」な学生の受講を想定している。

　本書の構成について説明をすると、これまで、受講生からは新宗教についての講義がおもしろいので、新宗教についてのみ講義をしてほしいとの要望が何度か著者によせられたが、せっかく宗教について勉強するからには、伝統宗教もしっかり勉強してほしいので、本書では、まず伝統宗教をとりあげている。ただし、伝統宗教の中でも、日本人に特になじみ深い仏教や神道は内容的にある程度くわしく説明をしている。しかし、セメスター制の講義なので時間配分などを考慮して、仏教に関しては、残念ながら基本的にインドの仏教のみを取りあげている。一方、キリスト教やイスラームなどの一神教については、一神教に違和感を感じる学生が多いことを考慮して、あまり記述がくどくならないように、必要最小限のことを押さえるという形の書き方になっている。伝統宗教の後は、新宗教について取りあげているが、一口に新宗教と言っても、いわゆる「旧」新宗教と新新宗教はかなり性格が違うの

で、その違いなどがよく理解できるようにも配慮している。さらに、大学1・2年生の受講を想定して、分かりやすさを優先し、彼らが読みにくいであろう漢字には読みがなを入れるなどの工夫をしているので、一般読者の方にも理解しやすい内容になっていると思われる（ただし、セメスター制の講義は15回程度に講義回数が限られているので、『世界と日本の宗教』となってはいるが、インドのヒンズー（ヒンドゥー）教や東ヨーロッパのキリスト教などについては、残念ながら本書では取りあげることができなかった）。

　私は大阪のある私立の大学で宗教に関する講義を担当している。私自身は特定の宗教の信者ではないが、大学院では宗教哲学を専攻していたので、大学院修了後に宗教関係の科目を担当するようになった。それでまず気がついたことは、京都と大阪の違いである。私は京都のある大学の大学院に通っていたが、京都は神社仏閣の数も非常に多く、宗教的な雰囲気に包まれている。一方、大阪は基本的に実利を重んじる商人の街であり、京都に比べるなら、宗教というものをやや軽んじるような傾向がある。さらに、受講者の多くは経済学や経営学などの社会科学系の学問を専攻している学生であり、世の中を動かしているのは経済あるいはお金の流れであって、どちらかと言えば宗教というようなものはうさんくさいと思っている学生が多いということである。

　私はそのような受講者を相手に、少し大げさに言えば悪戦苦闘することになった。当然のことながら、最初は講義がなかなかうまくいかなかった。それゆえに、これまでさまざまな試行錯誤をおこなってきた。たとえば受講生とのやりとりの中で、彼らからの評価の高い講義内容を残し、そうでないものは思いきって切り捨てるなどということを何度もくり返してきた。私が宗教関係の講義を教えるようになって長い年月が過ぎたが、本書の内容はそのような試行錯誤の結果である。したがって、本書の内容は、別の角度から言えば、私と過去の多数の受講生のいわば共同作業の成果であると言えなくもないと思われる。その意味で、この場を借りて過去の受講生に感謝の意を表したい。

# 目　次

はじめに

第1章　宗教の分類について ……………………………………………… 1
　　　　──創唱宗教と自然宗教の違いなどについて

第2章　仏教について ……………………………………………………… 5
　第1節　釈尊の出家と成道　5
　第2節　釈尊の最初の説法　9
　第3節　釈尊の説法の特徴　13
　第4節　釈尊の根本的立場である四法印と中道、そして釈尊の入滅について　15
　第5節　仏教の根本分裂と説一切有部　16
　第6節　大乗仏教と仏塔崇拝　20
　第7節　中観派と唯識派　26
　第8節　インドにおける仏教の衰退　35
　第9節　中国と日本の仏教概説　36

第3章　キリスト教について …………………………………………… 43
　第1節　キリスト教についての予備知識　43
　第2節　イエスの生い立ちと活動の開始　52
　第3節　イエスの教え　55

iv　　　　　　　　　目　次

　第4節　奇跡（奇蹟）といやし　60

　第5節　律法学者とパリサイ人批判　63

　第6節　イエスの死と復活　64

　第7節　イエスの死の意味　68

　第8節　その後のキリスト教発展のターニングポイント　69


第4章　イスラームについて………………………………………………79

　第1節　ムハンマドの生涯　79

　第2節　イスラームの啓典『クルアーン』とは　84

　第3節　ムスリムは何を信じるのか　84

　第4節　ムスリムの信仰行為　88

　第5節　シーア派とスンナ派　91

　第6節　イスラーム法について　92

　第7節　パレスチナ問題について　98


第5章　儒教について………………………………………………………103

　第1節　儒教の宗教性について　103

　第2節　儒教における魂と魄　105

　第3節　中国と日本における仏教と儒教の関係　108

　第4節　生命の連続の自覚としての孝　110

　第5節　儒教における孔子の歴史的位置　111


第6章　神道について………………………………………………………113

　第1節　「神道」という言葉の起源　113

　第2節　神道の分類　114

　第3節　神道にはもともと聖典は存在しなかった　117

　第4節　神道は多神教であり、日本の民族宗教である　118

　第5節　神道における関数主義　119

　第6節　「カミ」とは何か　121

第7節　神道における罪　123

第8節　禊と祓　125

第9節　神道の世界観　126

第10節　神道における神人相依観　127

第11節　靖国神社についての私見　127

第7章　新宗教について………………………………………………129

第1節　新宗教の定義と分類　129

第2節　日本は世界で最も宗教の多い国である　130

第3節　伝統宗教と新宗教の違い　134

第4節　「旧」新宗教の分類　136

第5節　新新宗教について　139

第6節　精神世界について　144

第7節　オウム真理教についての私見　150

第8節　旧統一教会（現 世界平和統一家庭連合）についての私見　154

おわりに………………………………………………………………159

主要参考文献…………………………………………………………161

索　引…………………………………………………………………165

# 第1章　宗教の分類について
―― 創唱宗教と自然宗教の違いなどについて

　まず、最初に、本書の内容を理解する上で欠かせない宗教の分類について
触れたい。宗教の分類の仕方もさまざまであるが、とりあえずここでは、以
下の2つの分類の仕方を紹介したい。第1の分類の仕方は

> **宗教の分類（1）**
> ・創唱宗教……歴史上、実在する人物である特定の創始者によってはじ
> 　められた宗教。例　仏教、キリスト教など。
> ・自然宗教……特定の創始者が存在せず、自然発生的に成立した宗教。
> 　例　神道、儒教など。

という分類である。この分類の仕方は、歴史上、実在した創始者がいるのか
どうかということに着目した分類である。仏教やキリスト教などには、創始
者（その宗教をはじめた人）が存在する。たとえば仏教であれば、釈尊（お釈
迦様）という人物が仏教の創始者であり、キリスト教であれば、イエス・キ
リストがキリスト教の創始者である。そういった宗教を創唱宗教と呼ぶ（も
ちろん、創唱宗教は仏教やキリスト教以外にも多数存在する）。それに対して、
特定の創始者が存在せずに、自然発生的にできた宗教を自然宗教と呼ぶ。日
本の神道や中国の儒教は、自然宗教に分類される（もちろん、自然宗教も神道
や儒教以外に多数存在する）。これらの宗教には、特定の創始者は存在しな
い。儒教と言えば、孔子（552/551-479B. C.）が有名であるが、孔子は、後述
のように、儒教にとってきわめて大切な「孝」をはじめて理論化した人であ

って、儒教の創始者ではない。儒教そのものは、孔子が誕生するはるか以前より存在した。

　創唱宗教の場合、その宗教の創始者の言葉や行動がその宗教にとっては非常に重要な意味を持っているので、それらを記した「聖典」（たとえば仏教であれば、さまざまな仏教の経典、キリスト教の場合は、『聖書』）とその「聖典」の内容をまとめた教義が整っていることが普通である。それに対して、自然宗教の場合は、特定の創始者が存在しないので、「聖典」や教義が存在しない場合がある。たとえば神道という宗教は、もともと「聖典」や教義が存在しなかった。このように言えば、自然宗教より創唱宗教の方が優れているという印象を持つ方もいるかもしれないが、人間にも個性があるように、宗教の世界にも個性があり、創唱宗教と自然宗教の違いは、宗教の個性の違いであるとご理解いただきたい。

　次に、もう1つの宗教の分類の仕方は

---

**宗教の分類（2）**
・伝統宗教…幕末（江戸時代の末期）以前に成立した宗教。例　仏教、キリスト教、神道など。
・新宗教…（幕末を含めて）幕末以降に誕生した宗教。例　天理教、創価学会、オウム真理教（現 Aleph）など。

---

という分類である。これは宗教の成立の時期の違いに着目した分類の仕方である。そして、幕末とは江戸時代の末期のことで、坂本龍馬（1836-1867）や新撰組などが活躍した時代である。仏教やキリスト教、そして神道などは幕末以前に成立した宗教であるので、伝統宗教に分類される。それに対して、天理教や創価学会、そしてオウム真理教（現 Aleph）などは新宗教に分類される。ちなみに、一昔前までは新宗教のことを「新興宗教」と呼んでいたが、もともとこの言葉は伝統宗教、特に仏教が新宗教のことを少し見下して「新興宗教」と呼んだ経緯があるので、やや蔑称（さげすんで言う呼び名）に近いということで、学術用語としては新宗教と呼ぶのが現在では普通になっ

てきている。この2番目の分類の仕方と最初の分類の仕方の関連について少し考察してみると、伝統宗教には創唱宗教と自然宗教の両方が存在する（仏教とキリスト教は創唱宗教で、神道と儒教は自然宗教である）が、新宗教は基本的にすべて創唱宗教である。なぜかと言えば、すべての新宗教には基本的に創始者が存在するからである。たとえば天理教の創始者は中山みき（1798-1887）という女性であり、オウム真理教の創始者は麻原彰晃（本名　松本智津夫 1955-2018）である。

　ここで、これまで受講者から何度も私に寄せられた、宗教に関する全般的質問についてお答えしたい。まず、世界3大宗教の信者数であるが、キリスト教が約20億人から23億人、ついでイスラーム（イスラム教）が約16億人から18億人、仏教が約4億人から5億人となっている。さらに、なぜ私が講義で宗教の定義を述べないのかという質問がなされたことがある。たとえば非常に有名な定義として、高名な宗教学者であった岸本英夫（1903-1964）の「宗教とは、人間生活の究極的な意味をあきらかにし、人間の問題の究極的な解決にかかわりをもつと、人々によって信じられている文化現象である」というものがある。この定義で言われていることは確かにその通りで、宗教とは人間生活や人生の究極的な意味を明らかにするものであり、われわれ人間が抱えるさまざまな問題の究極的な解決に関係すると考えられている文化現象であると言えよう。しかし、残念ながら、宗教の本質をすべて解明しているような宗教の定義は存在しない。したがって、本書で取り上げるさまざまな宗教を通じて宗教とはどのようなものであるかを会得していただきたいというのが、本書を執筆した動機の1つである。

　最後に、もっと科学技術が進歩するにつれて、宗教というものはだんだんとすたれていって、最終的には消滅するのではないかとの質問も過去に何度もなされたが、科学がいくら進歩しても、我々はどこから来てどこに行くのか（たとえば我々がこの世に生まれてきた理由や死後はどうなるか）という、究極的な実存的問題は科学では解明できないと考えられる。それは宗教でしか答えられないものであろう。それゆえに、人間というものが存在するかぎりは、宗教がこの世から消えてなくなることはありえないであろう。

# 第2章　仏教について

## 第1節　釈尊の出家と成道

　仏教は、釈尊（本名・ゴータマ・シッダッタ（シッダールタ）、通称お釈迦様）を開祖とする創唱宗教である。釈尊という呼び名の由来は、彼は釈迦族出身の尊いお方なので、釈迦族の「釈」と尊いの「尊」で、釈尊と呼ぶ。なお、釈尊には、他にも呼び名があって、世尊（「世にも尊ばれるお方」の「世」と「尊」から来ている）などと呼ばれたりする。お釈迦様という呼び方も釈尊が釈迦族出身であることに由来する。

　釈尊は、カピラ城主であった父・スッドーダナ王（浄飯王）と母・マーヤ夫人の長男として生まれた（仏教には独特の「読み癖」があって、通常とは違う漢字の読み方をする場合がある。夫人もその例で、意味は「ふじん」だが、読み方は「ぶにん」となる）。したがって、釈尊はもともと王子であり、ゆくゆくはスッドーダナ王のあとをついでカピラ城の王となる身分であった。なお、カピラ城は、現在では正確な位置が分からなくなっており、ネパールにあるカピラヴァスツという場所の近くにあったということしか分かってない（カピラヴァスツなどがどこにあるかに関しては、図2-1「釈尊ゆかりの地」を参照のこと）。しかし、釈尊が誕生した場所ははっきりしており、それはルンビニーである。釈尊の母・マーヤ夫人が里帰り出産をするために実家に帰る途中に、にわかに産気づいてここで釈尊を産んだとされている。そして、マーヤ夫人は釈尊誕生後7日で亡くなり、彼女の妹であるマハー・パジャーパ

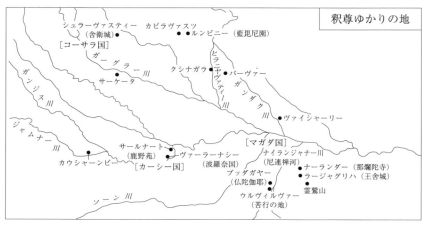

図 2-1　釈尊ゆかりの地（中村ほか編，2023）

ティーが養育係となって釈尊を育てた。日本を代表する仏教学者の中村元のはじめ説によれば、釈尊が誕生したのは紀元前 463 年であるとされているが、紀元前 566 年であるという説なども存在する。

　さて、釈尊はもともと王子だったので、当然のことながら、幼少の頃から非常に贅沢な生活をおくった。そして、彼は 16 歳で結婚した。お妃の名前きさきはヤソーダラーで、やがて 2 人の間には長男も誕生した。ところが、彼は 29 歳の時に王子の身分を捨てて出家して遍歴行者になった。遍歴行者とはしゅっけ ぎょうじゃ色々な場所を物乞いをしながら放浪して、めぼしい宗教の先生が見つかったら、その人について修行をする人のことで、釈尊の時代のインドには遍歴行者がたくさんいたと言われている。出家の理由は不明である。だが、その理由をうかがわせる四門出遊というエピソードが存在する。これは、まだ王し もんしゅつゆう子だった頃の釈尊が別荘に遊びに行くためにカピラ城を出ようとしたときに、東門で老人、南門で病人、そして西門で死者と出会い、最後に北門から出たときに、出家修行者に出会って自分も出家しようと心の中で決心したというエピソードである。老人や病人、そして死者は、それぞれ人生にとって避けることのできない老（年をとること）、病（病気になること）、死（死ぬこと）を意味している。仏教では、これらの前に生（この世に生まれること）を

つけ加えて、生老病死と言う。これらは人間にとって避けることのできない代表的な4つの苦しみで、四苦と呼ばれる。もしこのエピソードに何らかの真理が含まれているとするならば、釈尊は非常に聡明な人で、若いときから、どんなに金持ちで高貴な身分の人であっても、老病死などの苦しみは絶対に避けることができないと十二分に理解していたので、それらを超えた世界を求めてあえて王子の身分を捨てて出家したのだと推測される。なぜ生が苦しみなのかと思う方もおられるかもしれないが、仏教を含めてインド系の宗教は、この世は苦しいところなので、この世に生まれることは苦しみだと考えるのが普通である。また、仏教では、上の四苦に、怨憎会苦（憎たらしい人といやでも会わないといけない苦しみ）、愛別離苦（愛する人といやでも分かれなければいけないという苦しみ）、求不得苦（欲しいものがどうしても手に入らないという苦しみ）、五取蘊苦（五取蘊とは、この世を作り上げている5つの基本的構成要素、そこから転じて、この世の全て、一切を意味する。したがって、五取蘊苦とは、この世の一切は苦しみであるという意味になる。五蘊盛苦とも言う）の4つをつけ加えて、八苦と言う。八苦もわれわれ人間が避けることができない代表的な苦しみである。

　出家した釈尊は、まず、アーラーラ・カーラーマーとウッダガ・ラーマープッタという2人の仙人の弟子となり、彼らが売り物にしていた瞑想法をあっという間にマスターしたが、残念ながら望む悟りはえられなかった。それゆえに、釈尊は2人のもとを去り、次に5人の修行仲間と一緒にウルヴィルヴァー（前正覚山）で6年間、ありとあらゆる難行苦行を行ったが、それでも悟りはえられなかった。そこで、彼は難行苦行を打ち切り、前正覚山をおりてブッダガヤーに向かった（なお、釈尊が難行苦行を打ち切って山をおりて休想しているときに、たまたま通りかかったその土地のスジャーターという少女が彼に乳粥（水牛の乳で作ったお粥）を差しだし、釈尊はそれを食べて体力を回復したが、それを見た5人の修行仲間は、彼は堕落したと見なして、彼を見捨てて立ち去ったと言われている）。ブッダガヤーに到着した彼は、7日の間、菩提樹という木の下で瞑想を続け、7日の終わりの初更（夜の始めの方の部分）に「縁起の理法」を悟った。仏教では、釈尊がこのように悟りをひらいたこ

とを成道と言う。そして、彼はこの瞬間に仏陀となった。仏陀とは、古代インドの言語の１つであるサンスクリット語のbuddha（ブッダ）から来ている言葉で、真理に目覚めた者（覚者）を意味する。これが仏教という宗教の出発点である。仏教という宗教は、キリスト教やイスラーム（イスラム教）などのように神様をあがめる宗教ではなく、基本的に、釈尊の悟った真理（縁起の理法）を尊い真理としてあがめる宗教である。

　では、当然のことながら、縁起の理法とは何かということが問題となる。これは非常に難しい問題であり、本来は、仏教の専門家が1000ページぐらいある専門書で論じるべきことであるが、かんたんに言えば、「この世の全てのものは、そのものを存在させている無数の直接的条件（原因）、間接的条件（原因）に依存して存在している」ということである。このことをホワイトボードマーカーを例にとって考察してみたい。私が、教室でホワイトボードマーカーを手に持っている様子を頭に思い浮かべていだきたい。

　まず、今、目の前にホワイトボードマーカーが存在する直接的条件としては、

- ・マーカーのメーカー
- ・メーカーにキャップを納入している下請けのメーカー
- ・メーカーに芯を納入している下請けのメーカー
- ・メーカーに胴体の部品を納入している下請けのメーカー

などが考えられるが、あくまでもこれらは直接的条件の代表的なもので、直接的条件（原因）は他にも無数に存在する。たとえばキャップや胴体の部品は、石油が原材料なので、中東でとれた石油も直接的条件に入っている。

　次に間接的条件としては、

- ・卸問屋（中間流通業者）
- ・マーカーを卸問屋から仕入れて、学校に納入した業者
- ・マーカーを採用することを決めた学校の備品担当者

- 私が本日、病気で休講していないこと
- 私が忘れずにマーカーを教室にもって来たこと

などがあげられる。

　卸問屋や納入業者が存在しなければ、マーカーは届かなかったはずであり、また、学校の備品担当者が他のマーカーを採用していたら、このマーカーは今ここには存在しない。さらに、マーカーがこの学校に存在しても、もし講義が休講になっていたり、私がうっかり教室に持ってくるのを忘れたりしたら、マーカーは、今ここには存在しない。もちろん、間接的条件も他に無数に存在する。たとえば台風が接近すれば講義が休講になるので、台風が接近していないことも、今ここにマーカーが存在することの間接的条件の1つである。このように、これらの直接的、間接的条件のどれか1つでも欠けていたら、ホワイトボードマーカーは、今目の前には存在しない。それゆえに、ホワイトボードマーカーはそれら無数の直接的条件と間接的条件に依存して存在していると言えよう。もちろん、このことは、ホワイトボードマーカーだけでなく、他の全てのものに当てはまる。

## 第2節　釈尊の最初の説法

　さて、縁起の理法を悟り仏陀となった釈尊は、自分の悟った真理を誰かに伝えたいと思った。彼が最初に説法の相手にしようと思ったのは、アーラーラ・カーラーマーとウッダカ・ラーマープッタという2人の仙人であったが、彼らは釈尊が悟りをひらく少し前にこの世を去っていた。そこで、釈尊はウルヴィルヴァーで一緒に修行した修行仲間に最初の説法をすることに決めた。どこで彼らと再会することに成功したかと言えば、それはサールナート（鹿野苑）という場所であった。そして、最初の説法の内容は、四（聖）諦と八正（聖）道であったとされる。まず、四諦の諦とは、サンスクリット語のsatya（サトヤ）を訳したもので、「真理」という意味である。したがって、四（聖）諦とは、4つの（神聖な）真理ということになる。その四諦と

は、

> ・苦諦　迷いの生存は苦であるという真理
> ・集諦　欲望のきりのないことが苦の原因であるという真理
> ・滅諦　欲望のなくなった状態が苦のない理想の境地であるという真理
> ・道諦　苦をなくすためには八正（聖）道によらなければならないという真理

である。最初の苦諦は、われわれの生存が根本的にはどうなっているかの現状分析であり、2番目の集諦はその原因を指摘している原因分析、3番目の滅諦と4番目の道諦は、苦しみの生存から抜け出るための対策と実践であると考えられる。

では、道諦で言及されている八正（聖）道とはどのようなものであろうか。八正（聖）道とは、8つの部分よりなる正しい（聖なる）道という意味で、出家修行者が実践しなければならない8つの実践項目である。

その最初は正見で、正しい見解という意味である。具体的には、縁起の理法や四諦の道理を正しく知る知恵を意味する。仏教の修行は、まず、正しい先生について正しい見解をえるということが重要である。

2番目は正思である。正思とは、文字通り、正しい思考ということであるが、貪欲（貪る心）や瞋恚（腹をたてること）、そして愚痴（物事の道理に暗いこと）から離れないと、正しい思考はできなくなる。たとえばつまらないことに腹を立てて、普段だったらしないような愚かなことをして、後から後悔するということは、誰でも一度や二度は経験したことがあるのではなかろうか。

3番目は正語で、正しい言葉という意味である。では、何が正しい言葉かと言えば、まず、妄語（うそをつくこと）はだめであり、悪口（他人を非難中傷すること）や両舌（二枚舌を使うこと）、そして綺語（必要のないお世辞を言ったり、こびへつらったりすること）もだめであるとされる。

4番目は正業で、正しい身体的行動を意味する。では、何が正しい身体的

行動かと言えば、殺生（生き物を殺すこと）、偸盗（人の物を盗むこと）、邪淫（異性と性的な関係を持つこと）をしないことが、正しい身体的行動であるとされる。

　5番目は正命で正しい生活という意味である。では、何が正しい生活かと言えば、下口食（農業で食べ物を手に入れること）、仰口食（星占いなどをやって、その対価として食べ物を手に入れること）、方口食（偉い人の使い走りや結婚のとりもちなどをやって、その対価として食べ物を手に入れること）、維口食（手相や人相などの占いをやって、その対価として食べ物を手に入れること）の全てが禁止されている。なぜなら、出家修行者とは、もともと遍歴行者であり、人が自発的にめぐんでくれた食べ物を糧にしながら修行をする人であるが、もし自分で食べ物を生産したり、要領のよい方法で自分から食物を手に入れるようなことをしてしまえば、遍歴行者ではなくなってしまう。ということで、正命とは、出家修行者はあくまで遍歴行者としての生活スタイルを守りなさいということを言っているのである。

　6番目は正精進で、正しい努力という意味である。では、何が正しい努力かと言えば、それは原始仏典（仏教の経典のなかで最も古い経典）では、四正勤であると説かれている。四正勤とは、

1）すでに存在する悪は必ず取りのぞくように努力する。
2）いまだ存在しない悪は絶対生じないように努力する。
3）いまだ存在しない善は必ず生じるように努力する。
4）すでに存在する善はさらに大きくなるように努力する。

の4つである。たとえば出家修行者が酒を飲むことは禁止されている。そこで、酒を飲んでいる人は、これからは酒を飲まないようにし、今まで酒を飲んだことのない人は、これからも酒を飲まないようにする。逆に、今まで禅定の修行をしたことのない人はこれからは禅定の修行をするようにし、今まで1日10分しか禅定の修行をしていない人は、これからはせめて20分は禅定の修行をするというようなことを四正勤は言っている。

7番目は正念で、正しい心の置き所という意味である。では、何が正しい心の置き所かと言えば、それは原始仏典では四念処であると説かれている。四念処とは、

　1) 身（肉体）は不浄である
　2) 受（感覚作用）は苦である
　3) 心は無常である
　4) 法は無我である

　最初の「身（肉体）は不浄である」は、われわれの肉体にはさまざまな煩悩があるので、けがれているという意味である。次の「受（感覚作用）は苦である」であるが、仏教では、基本的にこの世の全ては苦しみであると考えるので、われわれが物を見たり、音を聞いたりすることも苦しみであるとされる。3番目の「心は無常である」については、確かにわれわれの心はコロコロ変わってあてにならないということがあるのではないであろうか。たとえば昨日まで「あなたのことが好き」と言っていた恋人が、今日は「あなたなんて嫌い」と言っているなどというようなことは、誰でも経験したことがあるのではなかろうか。最後の「法は無我である」は、いかなる存在も変わらない本質を有しないということを意味しており、諸法無我（後述）ということと実質的に同じ意味である。四念処とは、出家修行者は以上の４つのことを常に頭に置いておかねばならないということで、正念の具体的内容となっている。
　8番目の正定の定とは瞑想や座禅のことを意味するので、正定とは正しい瞑想や座禅の修行のことを意味する。瞑想や座禅も正しい師について、正しいやり方を学ぶことが肝要だとされている。
　以上が釈尊の最初の説法の内容とされる四（聖）諦と八正（聖）道であるが、釈尊の教えを聞いた５人の修行仲間は、その場で釈尊の弟子になった。以後、釈尊は80歳で入滅（仏教では、釈尊が亡くなることを入滅と言う）するまで、インド各地を仏法を説いてまわった。

## 第3節　釈尊の説法の特徴

　ここで釈尊の説法の特徴を2つほど紹介しておきたい。1つは当意即妙さ
である。当意即妙とは、その場の状況や変化にすぐに機転をきかして対応で
きることで、この例としては、キサ（タ）ーゴータミーという女性に関する
話が有名である。釈尊の説法の特徴の2番目は、喩えが非常に上手であると
いうことである。この例としては、マールンキャプッタという人に関わる話
が有名である。マールンキャプッタの話は、毒矢の喩えとしてよく知られて
いる。

### キサーゴータミー

　キサーゴータミーにはたった独りのかわいい男の子がいた。ところが、そ
の子がかわいい盛りに死んでしまった。彼女はその死んだ子供を他の人に渡
そうとはせず、いつまでもしっかり抱きかかえ、街で出会う人ごとに「この
子を生き返らせる薬を下さい」と頼んでまわった。

　彼女のこんな姿を見て、街の人たちはあざけり笑ったり、哀れんだりした
が、一人の賢い人が、彼女に釈尊のところへ行くことを勧めた。

　釈尊は彼女の顔を見るなり、「ゴータミーよ、よくここへ来た。これから
街に出て家々をまわり、今までに死人を出したことのない家から、芥子の実
（カラシナという植物の種のこと）をもらってくるが良い」と仰った。釈尊の
教えに喜んだ彼女は、街に出て家々をまわったが、今までに死んだ人のいな
い家など、どこにもなかった。芥子を求めて家々をめぐり訪ねているうち
に、彼女はしだいに、「私の子どもだけが死んだのではない。人の世は無常
であり、生まれたものは必ず死ななければならない」ということに目が開い
ていった。そこで、彼女は死んだ子どもを墓場に葬り、再び釈尊のもとにも
どり、比丘尼（女性出家者のこと）になった。このように、釈尊は嘆き悲し
んでいる彼女にいきなり自分の教えを説いてもおそらく理解できないだろう
と察して、とっさに「今までに死人を出したことのない家から、芥子の身を

もらってくるが良い」と彼女に伝えて、彼女自身で真理を悟らせたのである。

## マールンキャプッタ

ある日、マールンキャプッタは、「世界は、時間的に永遠であるか永遠でないか、空間的に有限か無限か、人の魂と肉体は一つか別か、人は死後存在するかしないか。釈尊はこの様な問題を斥けて、いまだに説明されないが、私としては我慢ができない。釈尊に質問しよう」と考えた。

彼は仏陀の前に進み、「釈尊よ、知ることのできる範囲内で説き明かして下さい」と願った。

そこで、釈尊は次のように仰った、「マールンキャプッタよ、私はあなたに対して『私のところに来なさい、私の許で修行しなさい、そうすれば、世界が永遠か永遠でないか、有限か無限か、人の魂と肉体は一つか別か、人は死後存在するかしないかを説明しよう』と約束したか。私はそんな約束はしなかった。マールンキャプッタよ、説明をきかなければ修行しないという者があれば、その者は悟りを得ないで死ぬであろう。

たとえば人が毒矢に射られたときに、その矢を抜いて手当をしようとする人に向かって「待って下さい。誰がこの矢を発射したのか、男か女か、色の黒い人か白い人か、弓は大きいか小さいか、弓は木の弓か竹の弓か、弓の弦は何でできていたか、矢と矢の羽や矢じりは何でできていたのか。それらのことを知りたいのです。それらのことが分からないうちは、矢を抜かないで下さい」と言うならば、その人はそれらのことが分かる前に全身に毒が回り、矢を抜かないで死ぬであろう。それと同じである。

マールンキャプッタよ、世界が永遠であっても永遠でなくても、人が死後存在してもしなくても、修行のさまたげとはならないし、老、病、死といった苦しみは容赦なく我々に迫ってくる。私はそれらの苦悩を取り除くために仏法を説いているのである。マールンキャプッタよ、私は修行に必要なことは説くが、修行に必要のないことはいっさい説かないと心得なさい。世界が永遠か永遠でないか、有限か無限か、人の魂と肉体は一つか別か、人は死後

存在するかしないかなどの問題は、仮に解決されたとしても、人生に何ら利益をもたらすことはなく、また、修行に役立つものでもない。」

（以上の2話は、日本仏教文化協会，1958 などを参考に作成）

## 第4節　釈尊の根本的立場である四法印と中道、そして釈尊の入滅について

　釈尊は 35 歳で縁起の理法を悟り仏陀となった。そして、80 歳で入滅するまでに、出家修行者に限らずさまざまな人々に仏教の教えを説いてまわった。その教えを簡潔にまとめたものが、四法印であると言われている（法印とは仏教の基本的立場という意味である）。その四法印とは、

> ・諸行無常　あらゆる現象は変化してやまない。
> ・諸法無我　いかなる存在も変わらない本質を有しない。
> ・一切皆苦　迷いの生存の全ては苦である。
> ・涅槃寂静　迷いの消えた悟りの境地は静かな安らぎの境地である。

　このうち、諸法無我は、諸行無常ということの理由になっており、また、一切皆苦は、上述の五取蘊苦と実質的に同じことを言っている。

　次に、中道も釈尊の重要な根本的立場の1つである。中道とは、単に中間という意味ではなく、相互に矛盾し対立する2つの極端な立場のどちらからも離れた自由な立場ということを意味している。原始仏典では、中道という言葉は、不苦不楽の中道という表現で使われることが最も多い。不という漢字は否定の意味を持っているので、不苦不楽の不苦は苦行主義を、不楽は快楽主義を否定している。苦行主義とは、とにかく何でもいいから苦しい修行さえすればそれでよいという立場のことであるが、釈尊自身が6年間で難行苦行を打ち切って、苦行主義には意味がないということを自身で示している。一方、快楽主義とは、自分にとって愉快なこと、楽しいことを好きなだけしたらそれでよいという立場で、もちろん、仏教はこれも否定する。ということで、不苦不楽の中道とは、苦行主義と快楽主義という2つの極端な立

場のどちらからも離れた自由な立場ということを意味する。原始仏典では、他に、非有非無の中道、非常非断の中道という表現も数が少ないながら使われているが、これらについての説明は別の機会に譲りたい。仏教は、釈尊入滅後、さまざまに姿を変えていくが、四法印と中道は、それ以降も仏教の重要な基本的立場であり続けた。

　それでは、釈尊の入滅について触れたい。釈尊は80歳になったときに、自分の死が近いことを自ら察して、わずかなお供をつれて自分の生まれ故郷を目指しての最後の旅行に出発した。最後の旅行の出発点は霊鷲山であった（霊鷲山の位置は、図2-1参照）。釈尊はこの山に好んで滞在し、山頂付近でよく弟子たちに説法をしたとされている。そして、釈尊がパーヴァー（同じく図2-1参照）というところに着いたときに、在家の信者で鍛冶屋のチュンダという人物が差し出した料理を食べて、食中毒になった（釈尊の直接の死亡原因は食中毒である）。チュンダが差し出した料理に関しては、豚肉を使った料理という説とキノコ料理という説があり、現在では後者の説が有力になっている。いずれにせよ、釈尊は食中毒でひどくお腹をこわしたせいで、体力を消耗してしまった。それでも、生まれ故郷に少しでも近づきたいということで、クシナガラ（クシナーラ。同じく図2-1参照）まで体を引きずるように何とか移動したが、ついに体力の限界が完全に来てしまった。そこで、2本の沙羅の木の間に自分の衣を寝具の代わりに敷いて、右脇腹を下に、頭を北に向けて横たわった。そして、「さあ、修行者たちよ。お前たちに告げよう、『もろもろの事象は過ぎ去るものである。怠ることなく修行を完成させなさい』と」と言って息を引き取った。これが釈尊の最後の言葉であった。その後、亡骸は荼毘にふされ、遺骨は8分割されて仏塔に収められたと言われている。

## 第5節　仏教の根本分裂と説一切有部

　これまでは、仏教の開祖・釈尊について書いてきたが、これからは釈尊亡き後の仏教の発展について触れたい。釈尊の入滅後も、仏教の教団は順調に

第 5 節　仏教の根本分裂と説一切有部　　　17

信者の数を増やしていくが、釈尊が入滅して約 100 年後に、保守的な上座部
と進歩的な大衆部に分裂した。これを根本分裂と言う。その原因は戒律（出
家修行者が守らないといけない決まり事）をめぐる見解の相違であったとされ
る。その見解の相違とは、たとえば出家修行者が在家の信者から生活に最低
限必要な金銭を受け取ってよいかどうかということである。釈尊自身は、出
家修行者が信者から金銭を受け取ることは禁じていたが、釈尊が入滅して約
100 年後は、ちょうどインド全体に貨幣経済が普及し始めた頃にあたる。そ
こで、進歩的な大衆部は社会の変化に合わせて、最低限必要な金銭は信者か
ら受け取ってよいと主張した。それに対して、保守的な上座部は、釈尊自身
が禁じているから、否定的な態度をとった。そのような戒律をめぐる見解の
相違が全部で 10 あったと言われている（ちなみに、スリランカや東南アジア
の仏教（一部地域を除く）は、上座部の流れをくんでいる）。そしてこの後も、
仏教の教団は上座部、大衆部とも分裂を続けていき、釈尊が入滅してから約
400 年後には 20 の部派（仏教では、分かれたグループのことを部派と呼ぶ）に
分かれていたと言われている。これを枝末分裂と言う。また、この時代の仏
教のことを部派仏教と呼ぶ。
　この時代の部派の中で最も有力だったのは上座部系統の説一切有部という
部派であった。説一切有部の立場は、五位七十五法と三世実有・法体恒有
という立場に集約される。まず、五位七十五法とは、説一切有部の独特の存
在の分類法である（図 2-2 参照）。それによれば、諸法（この世界のさまざま
な存在）は、まず、有為法と無為法に分かれる。有為法とは、時間とともに
やがて変化し、そして滅びていく存在である。それに対して、無為法とは、
時間が経過しても変化しない存在であり、これには虚空無為（中に何もない
空っぽの空間）など 3 種類あるとされている。
　有為法には、

・色法　物質的な存在。全部で 11 種類。
・心王　われわれの精神作用の主体、われわれの心。1 種類。
・心所法　心のさまざまな作用。たとえば無瞋（腹をたてないこと）や慚

怠（怠けること）など全部で46種類。

そして、

　　・心不相応行法　色・心・心所に入らない有為の存在。たとえば命根
　　（われわれの生命力）など14種類。

が存在する。

　諸法が色法、心王、心所法、心不相応行法、そして無為法の5つに分けられているので五位、そして、色法の11種類と心王の1種類、そして、心所法の46種類……というように、全てを足していけば全部で75種類になるので七十五法ということになる。ここで重要なことは、私が赤い色のもの、たとえば赤い花瓶、赤いマジック、赤い自動車……というように、赤いものを次から次へと壊していっても、この世から「赤」という色そのものが消えてなくなることはない。それと同じように、五位七十五法のそれぞれは自性として存在すると、説一切有部では考えられていた。自性とは、自分の中に自分の存在の根拠を持っていて、自分の力で（独力で）存在するもののことで、西洋哲学では自性のことを実体と呼ぶ。たとえば無瞋や懈怠、そして命根という在り方などは、この世から決して消えてなくなることはなく、永遠に存在するものとされている。しかも、五位七十五法のそれぞれが自性であるなら、お互いに依存して存在しているのではなく、お互いに独立して存在することになる。

　次に、三世実有・法体恒有の三世実有だが、三世とは、過去・現在・未来という3種類の時間のことである。したがって、三世実有という言葉の意味は、過去・現在・未来という3種類の時間はリアルに存在するという意味である。そして、法体恒有の法体は、五位七十五法のことであり、恒有の恒という漢字は、常という字と同じ意味なので、法体恒有とは、五位七十五法は永遠に存在するということを意味する。通常、われわれは、時間とは現在だ

第5節 仏教の根本分裂と説一切有部

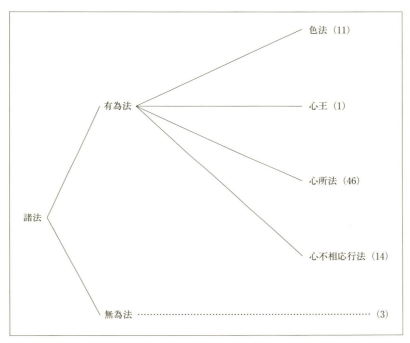

図2-2 五位七十五法（（ ）の中の数字は法の数。塚本，1976 などを参考に作成）

けが存在し、過去は過ぎ去って消えてなくなっている、未来はまだ来ていないものだからまだ存在していないと考えているが、説一切有部の人たちは、時間というものを、喩えて言うなら、あたかも映画のフィルムのようなものと考えていた（図2-3）。

　映画のフィルムは、1つ1つのコマがつながっているが、フィルムの真ん中のコマが、今、この瞬間にスクリーンに投影されているコマ、それより左がもう写し終わったコマ、それより右側がこれから写されるコマとする。映画のフィルムのもう写し終わったコマも消えてなくなることなく、これから写されるコマもすでに存在している。それと同じように、時間も、現在だけでなく、過去も未来もリアルに存在し、そして、五位七十五法が過去・現在・未来を通して常に存在し続けると、説一切有部の人たちは考えた。彼ら

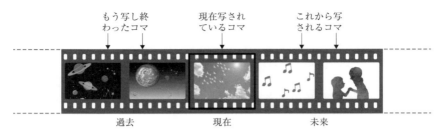

図2-3 「三世実有」を映画のフィルムに喩えると

がこのように考えた理由は、業(ごう)の問題であったと言われている。善因善果(ぜんいんぜんか)、悪因悪果(あくいんあっか)が仏教の基本的原則であるが、もし私が前世や前々世などで善いことをすれば、それが現在の自分に善い結果となって帰ってくる（もちろん、逆に、もし私が前世や前々世などで悪いことをすれば、それが現在の自分に悪い結果となって帰ってくる）。だが、もし過去・現在・未来を通して何か永遠に存在するものがなければ、善因善果、悪因悪果ということが成りたたなくなると彼らは考えた。しかし、彼らの考え方は、釈尊の諸法無我という立場と矛盾する。このことを問題にしたのが、後述の龍樹(りゅうじゅ)（ナーガールジュナ）という人物である。

　説一切有部の立場は、中国や日本の伝統的な仏教では、『俱舎論(くしゃろん)』という書物で勉強することになっている。この書物は、世親(せしん)（サンスクリット名 Vasubandhu（ヴァスバンドゥ）。4～5世紀頃に現在のパキスタンのペシャワール付近で活躍）という人物が書いたもので、仏教の専門家を目指すのであれば、1度はきっちりと勉強しなければいけない書物の1冊とされている。

## 第6節　大乗仏教と仏塔崇拝

　この節では、大乗仏教について話を進めたい。大乗仏教の「大乗」とは、皆で一緒に乗って悟りの世界へと行ける大きな乗り物という意味である。部派仏教の時代の仏教は、しだいに出家しないと救われない（在家(ざいけ)のままでは救われない）という出家主義（ということは、出家修行者（僧侶・お坊さんのこ

と）のみが救われるという1種の宗教的エリート主義）、そして世間からは離れた僧院の中で暮らす僧院主義、隠遁（世の中から離れて暮らすこと）主義へと傾いていった。出家修行者は、在家の信者からの寄進によって十分生活することができ、基本的に僧院（お寺）の外に働きに出る必要がないので、自由になる時間ができてくる。そこで、彼らは仏教を学問的に研究することに多くの時間を割くことになっていった。それゆえに、部派仏教の時代の仏教は、しだいに学問研究中心の学問仏教になっていき、人を救うという宗教本来の機能を失っていった。しかし、それでは在家の信者の救われたいという切実な気持ちに応えるものではなく、救済宗教としては失格である。そこで、紀元前後（西暦0年前後）から紀元1世紀ごろに、インドの地で新しいタイプの仏教が誕生することになった。それが大乗仏教である。大乗仏教の経典の成立時期は、大まかに言って、3つに分かれている。

---

特に有名な大乗仏教の経典（一部）
- 初期（紀元前後から2世紀ごろまで）
  般若経、法華経、華厳経、維摩経、浄土教典など
- 中期（2世紀以降）
  涅槃経、勝鬘経、解深密経、楞伽経など
- 後期（7世紀以降）
  大日経、金剛頂経など

---

　大乗仏教の経典で特に有名なものは初期のものが多い。このうちで、『華厳経』は、中国や日本の伝統的な仏教では、大乗仏教の最も根本的な経典とされ、その根本的立場は一即一切・一切即一（それぞれの中にすべてがあり、すべての中にそれぞれがある）である。そして、『法華経』は、後で説明する久遠実成などを説いている。また、中期の経典には、後述の如来蔵思想を説いたものが多く、後期の経典には、密教系の経典が多い。しかし、これらの経典の成立の事情は謎に包まれており、誰がどういう目的でこれらの経典を作成したかは今となっては不明である。ただし、これらの大乗経典は東洋

の精神文化を支えてきた経典であり、これらがなければ、われわれの精神文化はもっと貧しいものになっていたと考えられる。

　何が大乗仏教の母体となったかということに関しては、在家の信者の仏塔崇拝がからんでいるとされている。在家の信者は、自分で厳しい修行をして聖なる智慧を獲得することはできない。そこで、釈尊の遺骨が納められている仏塔を拝むことによって、釈尊のお慈悲によって救われたいという宗教的実践が、大乗仏教が誕生した頃にはインド全体に広がっていたと言われている。それが仏塔崇拝である。このことに関して、戦前に東京帝国大学の仏教学科などを卒業した研究者たちは、仏塔の管理者や案内人などが新しいタイプの宗教者になっていき、その人たちが中心になって大乗仏教という新しいタイプの仏教を作っていったと考えるのが通例となっていた。しかし最近の説は少しニュアンスが違っており、仏塔の管理者や案内人などはもともとはしょせん素人だから、大乗仏教という高度なものが作れるはずがないので、そこにはプロの宗教者（僧侶）の関与があったに違いない、すなわち、形としては部派仏教の教団に属する僧侶ではあるが、大乗仏教に理解があり、自分の持っている専門的知識でもって仏塔の管理者や案内人に助力をしてあげたのだ、という見解に変化してきている。言いかえると、最近の説では、仏塔崇拝が大乗仏教成立の母体となったということ自体は否定しないが、仏塔の管理者や案内人だけでなく、大乗仏教に理解のあった一部の僧侶も一緒になって大乗仏教という新しいタイプの仏教を作っていったとされている。

　さて、ここで地球上の仏教を大まかに分類してみると、

・大乗仏教　北伝仏教。中国、朝鮮半島や日本など。
・小乗仏教（部派仏教のこと）　南伝仏教。東南アジア（一部をのぞく）やスリランカ。

となる。大乗仏教は、インドの西北部から中央アジアへ、そして、中央アジアからシルクロードを経て中国、朝鮮半島、日本へと伝わった。このように、地球の比較的北側を伝わったので、別名、北伝仏教とも呼ばれる。それ

に対して、小乗仏教はインドの南部からスリランカや東南アジアへと、地球の比較的南側を伝わったので、別名、南伝仏教とも呼ばれる。ちなみに、小乗仏教の「小乗」とは、自分１人だけが乗って聖なる智慧の世界へと行くことができるような小さな乗り物という意味である。もともと「小乗仏教」という言葉は、大乗仏教の側が部派仏教をこのように呼んだところから由来していて、「小乗」という言葉には、大乗仏教より劣った立場というニュアンスが含まれている。したがって、スリランカや東南アジアの仏教徒の人たちが、自分たちのことを「小乗仏教徒」と名乗ることは基本的にないので、もしそのような地域出身の人たちと仏教について話をするときには、彼らの仏教のことを「上座部仏教」あるいは「南伝仏教」と呼ぶ方が無難である。

　大乗仏教は、上座部仏教とも小乗仏教（部派仏教）とも違う第３のタイプの仏教なので、従来の仏教とは違う特徴をいくつか持っている。その特徴を小乗仏教と対比する形でいくつか紹介してみたい。

　まず、大乗仏教の特徴の１番目は、小乗仏教が自利の教えを説くのに対して、大乗仏教は利他の教えを説くことである。自利の教えとは、自分が行った修行の功徳は自分だけが受け取る、すなわち、自分だけが厳しい修行をして聖なる智慧を獲得したらそれでよいという立場である。それに対して利他の教えとは、もし自分が真剣に救われたいと思うならば、まず他人（他者）を救わないと自分も救われないという立場のことを指す。大乗仏教には、救済宗教という宗教本来のあり方を失っていった小乗仏教に対するアンチテーゼ（ある主張に対してそれを否定する内容の主張）という意味あいもあるので、大乗仏教が利他の教えを説くのは、むしろ当然ではなかろうか。

　大乗仏教の特徴の２番目は、小乗仏教が、仏とは基本的に釈尊ただ１人で、われわれのような普通の人間は、厳しい修行を積めば阿羅漢（小乗仏教における最高の聖人位）にはなれるが、仏にはなれないと説くのに対して、大乗仏教は成仏の教えを説くことである。この成仏の教えとは、文字通り仏に成るという意味である。大乗仏教の建前は、われわれのような普通の人間であっても、気が遠くなるような長い間（たとえば後述の唯識論では、その期間は三阿僧祇劫（阿僧祇や劫の意味も後述する）という、無限と言ってもよいぐ

らいの長い時間）修行を続ければ、最終的には誰でも仏になれると説く。大乗仏教は、上述のように、在家の人間でも救われたいという、在家の人たちの切実な気持ちに応えるための仏教なので、大乗仏教が成仏の教えを説くのも当然と言えるのではなかろうか。

　大乗仏教の特徴の３番目は、釈尊を神格化する傾向があることである。もちろん、歴史的な釈尊（カピラ城の王子として誕生し、35歳で仏陀となり、80歳で入滅した釈尊）を否定はしないが、本当の仏（釈尊）はそれを超えた存在であるとみなす傾向が大乗仏教には存在する。その典型例は『法華経』である。『法華経』の「従地涌出品」と「如来寿量品」という章のある箇所では、かいつまんで言えば次のようなことが説かれている。

　　釈尊（無数の求法者（修行者）が、大地の割れ目よりわき出たのを受けて）
　　　「私はこれまで無数の修行者を鼓舞し、悟りに導いてきたのだ。」
　　弥勒と求法者たち「わずか45年間の短い間でどうしてそのようなこと
　　　ができるのですか。」
　　釈尊「世間一般では、私は35歳でブッダガヤーにて悟りを得て、80歳
　　　で入滅したと考えられているが、本当はそうではない。本当は、私が
　　　悟りを得てから幾千万億劫という時間が経過しているのだ。

　劫とは古代インドの時間の単位で、その長さは43億2千万年であるとされている。『法華経』では、本当の仏（本仏）は、幾千万億劫という、無限と言ってよいほどの長い期間にわたってずっと仏法を説いて無数の修行者たちを育ててきたのであって、歴史的な釈尊はその仮の姿にすぎないとされている。このような考え方を久遠実成と言う。

　大乗仏教の特徴の４番目は、釈尊と釈尊の弟子たち（出家修行者と在家の信者）のほかに、菩薩や釈尊以外の仏様が活躍することである。菩薩とは、厳密に言えばまだ悟っていないのでまだ仏ではないが、しかし、もうかなり長い期間修行を積み重ねているので単なる衆生でもないという存在である。衆生とは、命あるもの、生きとし生けるもののことで、われわれも衆生の一

第6節　大乗仏教と仏塔崇拝　　　25

員である。菩薩はすでにかなり長い期間（たとえば何十億年とか）修行を積み重ねているので、あともう少し修行を積み重ねて自分１人で悟りの世界へと入ろうと思えば、それも可能であるが、あえてそれをしないで、われわれ衆生を先に悟りの世界へと導き、自分はその後で悟りの世界へと入るという、有り難い存在であると大乗仏教の世界では考えられている。大乗仏教の菩薩としては、弥勒菩薩や文殊菩薩などが特に有名である。また、大乗仏教では、釈尊以外に、阿弥陀仏や大日如来などの仏様も大活躍している。

　大乗仏教の特徴の５番目は、小乗仏教が、救われたいならば出家して僧侶にならないと救われない（出家を前提とした修行を説く）というスタンスであるのに対して、大乗仏教は（もちろん出家して僧侶になってもよいが）在家の人でも救われる実践的な道を用意していることである。その代表が禅（禅仏教）と念仏（浄土仏教）である。京都などの禅寺（禅宗のお寺）で、修行僧や一般人が座禅をしている様子がテレビなどで時々紹介されたりするが、あれが禅である。大乗仏教の禅の建前は、われわれが座禅を始めたら、その瞬間に釈尊の悟りの境地に入っている（われわれが座禅している姿が悟りの姿である）のであって、それ以上何も他に求めるものはないというものである。後者の念仏は、われわれが南無阿弥陀仏と念仏をとなえたら、阿弥陀仏のお力によって死後、お浄土へと行けるという立場である。

　このように、大乗仏教は、従来の小乗仏教とは違う特徴をいくつか持っているが、以上の説明を読まれた方は、大乗仏教の方が優れていて、小乗仏教はそれに較べればかなり劣っているという印象を持ったかもしれない。確かに、立場的には大乗仏教の方が優れていると言えるかもしれないが、現実の日本の仏教はかなり世俗化が進んでいる（たとえばお寺がさまざまなビジネスをやっていたりすることは珍しくない）。それに対して、どちらが釈尊の仏教の伝統を忠実に受けついでいるかと言えば、それはやはり小乗仏教の方である。したがって、大乗仏教と小乗仏教の立場の違いは、個性の違いであるとご理解いただきたい。

## 第7節　中観派と唯識派

　インドの大乗仏教の2大流派は中観派と唯識派である。中観派の始祖は、龍樹（竜樹、サンスクリット名 Nāgārjuna（ナーガールジュナ））という人物で、だいたい西暦150年から250年ぐらいの間に活躍した人だと言われている。龍樹の主著は『中論』という書物であるが、この書物は非常に難解なことで知られている。彼は「八宗の祖師」とも呼ばれ、後の中国の仏教のほとんど全ての宗派は、龍樹の流れを汲んでいるとされる。

　さて、部派仏教のところで触れたように、説一切有部の三世実有・法体恒有という立場は、釈尊の説いた諸法無我と矛盾する。そこで、龍樹は『中論』で、説一切有部のように自性を認める立場を徹底的に論破し、そのことによって仏教を正しい立場へと引きもどすだけでなく、大乗仏教の理論的基礎を確立しようとした。そのために、龍樹は『中論』で帰謬法（背理法）という論理的テクニックを採用している。帰謬法とは、ある主張（判断）を真とすると、そこから不条理な結果（結論）が生じることを示して、この主張（判断）を否定する論法のことである。帰謬法の例をあげてみると

---

### 帰謬法（背理法）の例

「正義とは物体（物質的なもの）である」

もし正義が物体（物質的なもの）であるとするならば、本や薪と同じく、手で持ったり燃やしたりできるはずである。

しかし、これは不条理である（正義は、手で持ったり燃やしたりできない）。故に、正義は物体（物質的なもの）ではない。

---

　この例では、「正義とは物体（物質的なもの）である」という主張から、もしそうなら、「（正義は）本や薪と同じく、手で持ったり燃やしたりできるはずである」という不条理な結果（結論）を導き出して、「正義とは物体（物質的なもの）である」という最初の主張を否定している。

第 7 節　中観派と唯識派　　27

　では、『中論』の中身を少し見てみたい。まず、「観因縁品第一（『中論』
の最初の章）」では、説一切有部のように自性を認める立場では、ものの生
成ということすら主張できなくなるということが主張されている。この章で
は、諸法（この世界に存在するさまざまな存在）は

1）　自分より生じる
2）　他から生じる
3）　自分と他の両方から生じる
4）　原因なくして生じる

の 4 通りの可能性しかないことが指摘されている。
　そこで、まず 1）に関して、自分から生じることはありえないとされる。
もし自分（自分を仮に「A」と表現する）から自分が生じるとするならば、

$$A \rightarrow A$$

となるが、もしそれを認めるのなら、右側の自分（右側の A）が生じる以前
に左側の自分（左側の A）がすでに存在したことになる。しかし、これは不
条理である。このことをもう少し説明するために、C から D という C とは
別のものが生じるという例を考えてみたい。

$$C \rightarrow D$$
先　　後

C から D が生じたということは、C が先に存在していて、それから後に D
が C から生じたということになる。このことを自分（A）から自分（A）が
生じるということにあてはめると、

$$A \rightarrow A$$
$$先　後$$

左側の自分（A）が先に存在していて、それから後に右側の自分（A）が左側の自分（A）から生じたということになる。しかし、これでは自分（A）が生じる以前に自分（A）が存在していたことになってしまうが、もちろん、これは不条理である。

　では、2）の「他から生じる」はどうであろうか。実はこれもありえない。なぜなら、説一切有部の五位七十五法は、全て自性であった。したがって、自性という自分の中に自分の存在の根拠を持っているものが、他から生じることはありえない。そして、3）の「自分と他の両方から生じる」は、1）と2）を足し合わせた立場なので、1）と2）がありえない以上、3）もありえない。最後の4）も当然ありえない。もしこの世の全てのことが原因なくして勝手に生じることを認めるなら、たとえば自分の財布に入っているお金が、自分がそのお金を使うことなく、他の誰かがお金を抜き取ったということもなく、財布に穴があいていてそこからお金が落ちたということもないのに、突然、なくなっていたということが起こりえるということになる。

　次に、「観去来品第二」という『中論』の2番目の章では、「過ぎ去る」という運動が否定されている（説一切有部のように自性を認める立場では、「過ぎ去る」という運動すら主張できなくなるとされている）。龍樹によれば、もし「過ぎ去る」という運動が成立するとすれば、それは、時間的には、過去、現在、未来のいずれかにおいてということになる。しかし、過去において「過ぎ去る」ということは成立しない。なぜなら過去は過ぎ去ったものなので、今過ぎ去るという運動（たとえば目の前を新幹線のぞみ号が通過しているという、いわば現在進行形の運動）が、過去において成立するということはないからである。もちろん、未来においても「過ぎ去る」ということは成立しない。なぜなら今過ぎ去るという現在の運動が、未来において成立することもありえないからである。では、残りは現在であるが、現在においても「過ぎ去る」という運動は成立しないとされる。なぜなら、もし時間というもの

## 第7節　中観派と唯識派

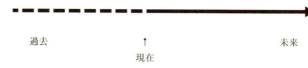

図 2-4　時間の流れのイメージ

を図で示せば、過去から未来へと直線的に流れていくものと考えて、図 2-4 のような感じになるはずだが、現在というものは、過去と未来の単なる接点にしかすぎない。そこで、もし過去と未来において、「過ぎ去る」という運動が成立しないのであれば、過去と未来の接点にしかすぎない現在においても「過ぎ去る」という運動は成立しないはずである。

さらに、「観去来品第二」では、「過ぎ去る」という運動を「過ぎ去る運動」と「もの」に分けている（たとえば目の前を走っている新幹線のぞみ号を「のぞみ号」と「走っている」に分けている）。では、「もの（のぞみ号）」が過ぎ去ることができるかと言えば、「もの」は過ぎ去ることはできない。なぜなら「もの」と過ぎ去る運動は別ものであるからである。そして、「過ぎ去る運動（「走っている」）」が過ぎ去ることができるかと言えば、「過ぎ去る運動」も過ぎ去ることができない。なぜなら、もしそのようなことを認めれば、過ぎ去る主体（この場合は、「のぞみ号」）なくして過ぎ去る運動が成立することになってしまうからである。

このように、結局、説一切有部のように自性を認める立場では、ものの生成とか運動などが不可能になってしまう。ここで注意をしなければならないのは、龍樹自身はものの生成とか運動がありえないとは思っていないことである。彼は、説一切有部のような立場に立つと、こんな不条理なことになってしまうと主張したいのである。

それでは、龍樹自身の立場はどうであったかと言えば、『中論』の最後の方の「観四諦品第二十四」という章で、龍樹は次のように言っている。

　　未だ曽って一法も　因縁より生ぜざるもの有らず　是の故に一切法は
　　是れ空ならざる者無し

ちなみに、この場合の「因縁」とは、縁起ということを意味しているので、これを現代日本語に意訳してみると、

> この世界における全てのもののどれ1つをとっても縁起の理法によって生じたものでないものはまったく存在しない。したがってこの世界に存在する全てのもので空でないものは存在しない。

となる。復習になるが、縁起とは、この世の全てのものは、そのものを存在させている無数の直接的条件（原因）、間接的条件（原因）に依存して存在しているということであった。したがって、この世の全てのものは、自分の中に自分の存在の根拠を持っていない、すなわち、自性というあり方をしていない。この自性というあり方をしていないということを、仏教では、無自性と言う。それゆえに、縁起ということは無自性ということを意味する。しかし、龍樹によれば、縁起＝無自性ということが、とりもなおさず空ということを意味するとされている。

縁起＝無自性＝空

このことは、もちろん、大乗仏教の根本的立場としては正しいが、残念ながら、『中論』のどこを読んでも、空そのものとはいったい何なのかということに関してのよりふみ込んだ説明は存在しない。空ということのさらにふみ込んだ解明は、現在の仏教関係者に課された重要な課題の1つであると言えよう。

それではつぎにインドの大乗仏教の2大流派のもう1つである唯識派について説明したい。唯識派は、中観派よりやや遅れて5世紀頃に成立した。唯識派の代表者としては

・無着　サンスクリット名 Asaṅga（アサンガ）。4世紀頃の人。主著『摂大乗論』。

第 7 節　中観派と唯識派　　31

・世親　サンスクリット名 Vasubandhu（ヴァスバンドゥ）。4 世紀から 5
世紀ぐらいの人。主著『唯識三十頌』。

などがあげられる。唯識派は、別名、瑜伽行派とも呼ばれているが、瑜伽
とはヨーガのことで、現在では、女性の美容のためのものというイメージが
あるが、もともとはインドの伝統的な瞑想の修行である。唯識派の人たち
は、瞑想の修行をしながらどこまでも深く自分の心を掘り下げていき、八識
説を立てた。八識説とは、われわれの広い意味での心が 8 種類あるという考
え方である。

　図 2-5 の上の方ほど広い意味での心の表層レベルにあり、下の方ほど深層
レベルにある。そして、前五識と意識は表層意識であり、末那識と阿頼耶識
は深層意識である。

　まず、阿頼耶識とは、個人の存在の根本にある識である。われわれ 1 人 1
人に自分の阿頼耶識が存在する。阿頼耶識の阿頼耶とは、サンスクリット語
の ālaya（アーラヤ、蔵とか倉庫の意味）から来ている。したがって、阿頼耶
識とは貯蔵する識の意味である。では、何を蓄えているかと言えば、阿頼耶
識が蓄えているのは種子である。唯識論では、これを物（対象世界の諸法
（さまざまな存在））であれ、心であれ、ありとあらゆる存在を生ずる力を、
植物の種に喩えてこのように呼ぶことになっている。たとえば私は目の前の
パソコンを見ながらこの文章を作成しているが、私が見ているパソコンや今
の私の心の状態も、私の阿頼耶識に中にある種子が生みだしたものであるこ
とになる。種子のこのような（能）力のことを唯識論では、生果の功能と呼
ぶ。さらに、前五識と意識の善業と悪業によって阿頼耶識に植えつけられた
種子には、善悪があり、たとえば、今、私がつまらないことで腹を立てる
と、その瞬間に悪い種子が阿頼耶識の中に植えつけられることになる。逆に
何か善いこと（たとえば人を助けるとか）を行えば、その瞬間に善い種子が阿
頼耶識の中に植えつけられる。そして、われわれが輪廻転生をくり返しなが
らやってきたことの結果が、われわれの阿頼耶識の中に無数と言ってよいほ

第2章　仏教について

```
☆前五識
   第一　眼識（視覚）、第二　耳識（聴覚）、第三　鼻識（嗅覚）、
   第四　舌識（味覚）、第五　身識（触覚）


表層意識
浅

↑
   ☆第六　意識
・・・・・・・・・・・・・・・・・・・・・・・・・・・・・・・・・・・・・・・・・・・・・・・・
   ☆第七　末那識
↓
深層意識
深
   ☆第八　阿頼耶識
```

図2-5　唯識論の八識説

どの多くの種子という形で残っている。たとえば輪廻転生をくり返しなが
ら、何度も何度も殺人のような悪いことをくり返してきた人の阿頼耶識の中
には、悪い種子がたくさん蓄えられていることになる。

　次に、末那識の末那はサンスクリット語の manas（マナス）から来てい
る。manas とは、辞書的には心、知力、意志、精神、思考などの意味だ
が、唯識論では、阿頼耶識を対象として実体視し、それを自分であると執
着し続ける心を意味している。実体視の「実体」とは、西洋哲学の言葉であ
るが、これを仏教では自性と言う。復習になるが、自性とは、自分の中に自
分の存在の根拠を持っていて、自分の力で（独力で）存在するもののことで
あった。大乗仏教の立場では、この世に存在するものは全て空であり、当
然、自分の阿頼耶識も実体ではない。しかし、末那識は、自分の阿頼耶識を
誤って実体とみなして、それに執着し続ける。言いかえると、末那識は、根
源的なエゴイズムの心（自己中心性の心）であると言える。20年以上前に
『タイタニック』という映画がヒットした。この映画では、大きな氷山に衝
突した客船タイタニック号上で、最初は乗客たちは冷静に救命ボートに乗る
順番を待っているが、船が大きく傾いてきて残っているボートの数も少なく

第 7 節　中観派と唯識派　　33

なってくると、我先にと人を押しのけてでも救命ボートに殺到するシーンが
出てくる。唯識論では、これはわれわれの末那識のせいであるということに
なる。

　3番目の意識とは、われわれが普段、自分でこれが自分の心だと思ってい
るもののことである。あたりまえだが、意識には色々なものを認知し、それ
らについて思考をめぐらす働きが存在する。また、意識には色々な感情を持
ったり、意志を持ったりする働きもある。意識という言葉は、日常的に使用
される日本語の1つであるが、もともとは唯識論の専門用語である。明治時
代になって、英語の consciousness という単語を日本語に翻訳するために、
唯識論から意識という用語を借りてきて、この単語の訳語として使用するよ
うになった。

　4番目は前五識で、これはわれわれの感覚能力のことである。通常、唯識
論では前五識はひとくくりに扱う。

　以上で八識説のあらましを見てきたが、唯識論では、阿頼耶識と諸識（前
五識〜末那識）の活動（唯識論では、諸識の活動のことを現行と言う）との関係
をどう考えているかと言えば、それは三法転展因果同時であるとされる。

　まず、言葉の意味であるが、

・三法　（阿頼耶識の中の）種子、諸識の活動（現行）、（現行によって阿頼
　耶識に産みつけられた新しい）種子という、種子・現行・種子の3つを
　三法と呼んでいる。
・転展　お互いに原因となり結果となりあいながら展開していくこと
・因果同時　原因と結果は同時であること

前述のように、阿頼耶識の中の種子は、生果の功能という（能）力を持って
いるので、縁さえ整えば諸識の活動（現行）を生みだす。このことを唯識論
では種子生現行と言う。逆に、諸識の活動が、瞬間ごとに新しい種子を阿頼
耶識の中に生みつけていく。たとえば今、この瞬間に私がつまらないことで
腹を立てたら、その瞬間に悪い種子が新しく阿頼耶識の中に生みつけられ

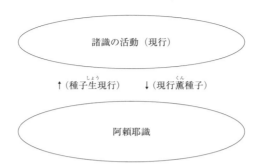

図2-6 三法転展因果同時(横山,1976などを参考に作成)

る。これを現行薫種子と言う。薫とは、薫製の薫であるが、においのない物の近くににおいの強いものを置いておくと、においの強い物のにおいがにおいのない物に移るように、現行が新しい種を阿頼耶識の中に薫じつけるので、現行薫種子と言われている。そして、われわれが全く意識していなくても、瞬間、瞬間に種子生現行と現行薫種子が同時に起きている。(因果同時)唯識論では、われわれが生きているということは、このようなことであると考えている。

　そして、唯識論では、われわれが輪廻転生をくり返しながら三阿僧祇劫の間、修行を続けて煩悩を完全になくすことに成功したら、諸識のあり方が完全に変化してしまうとされている(劫に関しては前に説明したが、阿僧祇とは数の単位の1つで、一般的には$10^{56}$とされているので、三阿僧祇劫は、1劫の$10^{56}$倍のそのまた3倍ということになる)。たとえば阿頼耶識は大円鏡智(鏡のように全てをありのままに映し出す智慧)に変化するとされる。これを唯識論では、転識得智と呼んでいる。

**転識得智**

阿頼耶識 → 大円鏡智
末那識 → 平等性智
意識 → 妙観察智
前五識 → 成所作智

これが唯識論が考える悟りの姿である。唯識論が考えている三阿僧祇劫の修行の詳しいプロセスに関しては、たとえば太田，2000などの唯識論の参考書を見ていただきたい。

なお、唯識と関係の深い立場に如来蔵思想が存在する。すでに述べたように、中期の大乗仏典には如来蔵思想を説いたものが多い。如来蔵思想とは、全ての衆生に悟りの可能性が備わっているという立場である。これによれば、われわれの心は、本来、きれいな鏡のようなものとされ、これを如来蔵思想では自性清浄心と呼ぶ。われわれは、いわば仏の心、悟りの心を心の一番奥深いところで持っているが、せっかくの美しい鏡のようなこの心を、煩悩という、いわば泥のようなものでドロドロに汚してしまっている。しかし、その煩悩という泥を落としさえすれば、この心は元の美しい輝きを取りもどすことができるとされる。このような考え方を如来蔵思想では、在纏位の法身と呼んでいる。この纏という漢字は纏うと読む。法身、すなわち仏の心、悟りの心が煩悩をまとっているので、在纏位の法身と言われているのである。この如来蔵思想を説いている代表的なテキストは『大乗起信論』で、この論書の著者は馬鳴菩薩とされているが、『大乗起信論』も、もし仏教を専門的に研究するならば、1度はしっかり研究しなければいけない論書の1冊であるとされている。

## 第8節　インドにおける仏教の衰退

7世紀ごろには、密教が栄えるが、全体としては、インドの仏教は衰退していく。その最大の理由は、伝統的なインド教（現在のヒンズー（ヒンドゥー）教）が勢力を回復してきたからである。ちなみに、密教とは、一言で言えば、「秘密の教え」という意味である。密教の反対語は、顕教だが、顕教とは、表に出た教えという意味で、密教以外の仏教を密教ではこのように呼んでいる。密教が「密教」と名乗っているのは、当然のことながら、自分たちの秘密の教えの方が顕教より優れているというニュアンスが込められている。密教の特徴としては

> ・真言を用いる（ヒンズー教の影響）。
> ・曼荼羅（仏の悟りの世界を視覚的に表現したもの）を用いる。

などがある。真言とは「真実の言葉」というぐらいの意味だが、密教では、真言をとなえることによって自分の願いが直接、仏に届くとされている。たとえば密教の世界で最も中心的な仏は大日如来であるが、大日如来の真言はオン　ア　ビ　ラ　ウン　ケン（Oṃ a vi ra hūṃ khāṃ）である。

　インドの仏教は 13 世紀の最初にインドの地から姿を消してしまった。その最大の理由は、伝統的なインド教（現在のヒンズー教）にのみ込まれてしまったからである。この後の仏教の中心は、インド以外（中央アジア、中国、朝鮮半島、日本、スリランカ、東南アジアなど）に移動していくことになる。

## 第9節　中国と日本の仏教概説

　紙幅の関係で、中国と日本の仏教に関しては、残念ながら最低限の叙述にとどめたい。中国に仏教が伝わったのは、紀元 67 年、後漢の明帝の時代であると言われている。中国の仏教の大きな特徴は、さまざまな宗派に分かれていることである。鎌倉時代後期の奈良東大寺の僧であった凝然（1240-1321）によれば、中国の仏教は十三の宗派に分かれているとされる（表 2-1）。

　中国でこのように多くの仏教の宗派が出現した一番大きな理由は、インドの仏教のくわしい歴史がわからなかったことである。中国では、西域から伝わってきたさまざまな経典を漢訳（当時の中国語に翻訳すること）していったが、それらの経典の成立時期などはほとんど分からなかった。そこで、中国では、所依の経典（その宗派がもっともより所とする経典。たとえば華厳宗なら華厳経のように）を決めて、それにもとづいてさまざまな宗派が形成されていくことになった。また、浄土仏教は、中国では寓宗（独立した宗派でな

第9節　中国と日本の仏教概説　　　37

く、他の宗派の軒先を借りて存続しているもの）であったことも中国の仏教の
特徴である。ちなみに、中国や日本の伝統的な仏教では、建前上、八万八千
あるとされている仏教の教典が

・『華厳経』　根本法輪
・『法華経』　摂末帰本法輪
・逐機末教　相手のレベルに合わせた教え

というように分類されることがある。このうち、『華厳経』は釈尊の悟りの
境地を余すことなく説いた最も根本的な教典とされる。逐機末教は相手のレ
ベルに合わせた、よりわかりやすい教えを説くものであり、『法華経』は逐
機末教をおおもとの『華厳経』に還元する役割を担っているとされる。
　仏教が日本に伝わったのは、6世紀半ばの欽明天皇の時代であるとされて
いる。上述の中国仏教の十三宗派はすべて日本に伝わったが、やがて時代が
進むにつれて、日本独自の宗派も出現するようになった。以下に日本の仏教
の主要宗派を掲げる。


## 日本における仏教の主要宗派（特に有名な宗派・一部）

### 1）真言宗

　弘法大師空海（774-835）が開祖である。空海は中国で恵果（746-805）に
密教を学ぶ。信仰の対象は大日如来である。また、即身成仏を主張する。
大日如来　原語ヴァイローチャナの意訳で、「大日」という漢訳はインドの
密教僧・善無畏（637-735）とその弟子・一行禅師（683-727）が考え出
した。大日如来は一切の存在に遍満している法身であるから、その意味では
一切の存在が礼拝の対象になる。
即身成仏　密教の思想で、現在生きている間に、生きているこの身のまま成
仏の境地に到達しようとすること、あるいはそれが可能であるとすることで
ある。

表 2-1　中国の 13 の仏教学派（宗派）（塩尻ほか監修，2008）

| 名　称 | 経　典 | 特　色 | その後 |
|---|---|---|---|
| 毘曇宗 | 『阿毘達磨』 | 人の主観は「空」で永続性をもたないが、客観的な事物にはダルマがあり、三世にわたって実在すると説く。 | 新訳の『阿毘達磨倶舎論』を研究する倶舎宗に吸収・消滅。倶舎宗は日本に伝来し、南都六宗のひとつに。 |
| 成実宗 | 『成実論』 | 物事すべてが「空」であると強調する。心を本体とその現れの 2 つに分けず、「心は一体」と説く。 | 日本に伝来し、南都六宗のひとつに。中国では『成実論』が上座部経典とわかり衰退。三論集の寓宗に。 |
| 律宗 | 『四分律』 | 三聚浄戒（①悪事を断じる、②善事を行う、③衆生を救う）を守る人が修行にふさわしいと説く。 | 鑑真により日本に伝来。南都六宗のひとつに。 |
| 三論宗 | 『中論』『十二門論』『百論』 | 修行の際に、何事にもとらわれず、何ももたず、常に心をニュートラルに保つことを重視する。 | 高句麗僧・慧灌の手で日本に伝来。南都六宗のひとつに。 |
| 涅槃宗 | 『涅槃経』 | ブッダの入滅は方便で、実は滅していないと説く。あらゆる人に仏性があり、どんな悪人も成仏できるとする。 | 三論宗と華厳宗がさかんになると衰亡 |
| 地論宗 | 『十地経論』 | 悟りに至るには 10 の段階があると説く。悟りを自分ひとりのものとせず、衆生とともにあることを重視する。 | のちの華厳宗はこの系統から派生。 |

| | | | |
|---|---|---|---|
| 浄土宗 | 『浄土教』 | 仏の浄土のうち、阿弥陀の極楽浄土こそが至高であり、衆生の救いは、そこに成仏することだと説く。 | 諸宗に吸収されたが、日本の法然が宗派として再興。 |
| 禅宗 | 『二入四行論』ほか | 心を静かにし、心と外界、自分と他人といった区別をなくし、「空」を悟ることを主眼に置く。 | 五家七宗に分化した後、曹洞宗と臨済宗が残り、栄西、道元により日本へ伝来。 |
| 摂論宗 | 『摂大乗論 (世親釈)』 | インド僧の世親が注釈した摂大乗論を研究。「あらゆる存在は識、つまり心の現れにすぎない」とする唯識性を重視。 | 法相宗に圧され衰退。 |
| 天台宗 | 『法華経』 | 宇宙にはたったひとつの真理があり、仏には永遠の命があり、人には悟りがあるものだと説く。 | 禅宗・浄土宗と融合。日本へは飛鳥〜奈良時代に伝来し、最澄が体系化。 |
| 華厳宗 | 『華厳経』 | あらゆる物事は、本質からみれば一体であるとする。1つのチリのなかにも無限の世界が存在すると説く。 | 禅宗・浄土宗に影響を与え、日本に伝来し、南都六宗のひとつに。一部は真言宗に融合。 |
| 法相宗 | 『成唯識論』 | 「人はなぜ悟れず、迷うのか」を研究し、すべては自分の心の投影にすぎず、過去の経験から生まれてくると説く。 | 日本に伝来し、南都六宗のひとつに。中国では大きな宗とならず華厳宗に組み込まれる。 |
| 真言宗 | 『大日経』『金剛頂経』 | 真理が仏に変じたものが大日如来であり、悟りの世界を言葉にしたものが真言であるとする。 | 空海が日本に持ち帰り大成。 |

## 2）天台宗

　伝教大師最澄（766-822）が805年、唐に渡り天台山にのぼり、天台教学を受けて翌年帰国し伝えたのが日本における天台宗のはじまりである。かつて比叡山は、日本の仏教研究の中心として、数々の名僧を輩出した。

## 3）禅宗

**臨済宗**　臨済宗は、日本には鎌倉時代に大応国師（1235-1309）によって伝えられた。日本の臨済宗で特に有名な名僧は白隠慧鶴（1686-1769）であり、独自の公案の体系を確立するなど、臨済禅中興の祖と呼ばれた。

**曹洞宗**　日本の曹洞宗は道元禅師（1200-1253）により日本に伝えられた。中国の如浄禅師（1163-1228）が道元の師である。道元の主著『正法眼蔵』は日本が世界に誇るべき書物である。

## 4）浄土仏教

**浄土宗**　法然（1133-1212）を宗祖とする念仏宗。法然は、僧俗・男女・老少の別なく、阿弥陀仏の本願を信じ、もっぱら阿弥陀仏の名を唱えれば西方の極楽浄土に往生できることを説いた（専修念仏）。その往生の教えは、『（大）無量寿経（略して『大経』）』・『観無量寿経（略して『観経』）』・『阿弥陀経（略して『小経』）』の三経（浄土三部経）と世親（4世紀から5世紀ごろの人）の『往生論（浄土論）』を加えた「三経一論」を正依の経論とし、特に善導の『観無量寿経疏』の説にもとづいて、新しく一宗として開立された。

**浄土真宗**　親鸞（1173-1263）を開祖とする教団の宗派の名前である。その教えは、阿弥陀仏本願の名号（南無阿弥陀仏）をそのまま信受することによって、ただちに阿弥陀仏の浄土へ往生することが決まる。そののちは報恩感謝の念仏生活をいとなむものとし、これらはひとえに名号となってはたらく阿弥陀仏のお力によるのであって、われわれ凡夫の力ではないとし、唯信正因（信心正因）を強調する。

## 5) 日蓮宗

　日蓮（1222-1282）を宗祖とする宗派の名前である。中世末までは法華宗と名乗っていたが、天台宗より異議が出たため日蓮法華宗と名乗るようになる。近代になってからは、特に身延山久遠寺を総本山とする宗教法人を日蓮宗と呼ぶ。南無妙法蓮華経という題目一つによって、すなわち専修題目によって救われるという法華経至上主義を説く。


　これらの主要宗派について少し説明を追加すると、真言宗の即身成仏とは、上述のように、この生きている生身のままで成仏できるという立場である。空海の著作である『即身成仏義』では、三密加持ということが重視されており、我々が身に印を結び、口に真言を唱え、瞑想をするとき、三密（大日如来の身（身体）・語（言葉）・意（意志））と一体になれると主張されている。そして、その場合、加持の加は仏の慈悲の働き、持はそれに感応する衆生の心を意味するとされる。

　次に、禅宗に関してであるが、臨済宗と曹洞宗の最も大きな違いは、公案を用いるかどうかである。臨済宗は公案を重視するが、曹洞宗は公案を用いない。公案とは、禅の修行者を悟りに導くために与えられる課題ないし問題であり、隻手公案などが非常に有名である。隻手公案とは「片手で手を打ってその音を聞け」というもので、我々の世間的な常識では、両手でないと音がしないはずであるが、臨済宗では、片手で手を打ってその音を聞くことが要求される。

　さらに、浄土仏教の浄土宗と浄土真宗の立場の違いであるが、浄土宗は浄土教典の中で『観無量寿経』と『観無量寿経疏』を特に重視しており、建前上、念仏を称えて助かるという立場である（念仏為本）ただし、法然の立場は専修念仏であると言われているが、決して形だけ念仏を称えたらよいとか、回数多く念仏を称えたら救われるという立場ではない（回数多く念仏を称えたら救われるという立場は、典型的な自力の立場である）。本当の念仏には信心が伴わなければならないということは言うまでもない。それに対し、浄土真宗は『（大）無量寿経』を特に重視している。『（大）無量寿経』の大意

は、阿弥陀仏の前身である法蔵菩薩は、衆生を救うための方法を五劫の間考えて、第十八願を中心とする四十八の誓い（誓願）を立てて無限と言ってよいほど長い間修行し、ついに誓いを実現して阿弥陀仏となったというものである。したがって、我々が救われるための献立はすべて阿弥陀仏が用意してくれているので、あとは我々がそのことを信じるだけでよい。浄土真宗の立場は信じて救われるという立場である（信心正因（唯信正因））。したがって、我々の称える念仏は、阿弥陀仏の恩に報いるための報恩行であるとされる。浄土宗と浄土真宗の立場はちょうど紙の裏表のような関係であり、両方の立場があってこそ念仏の法門が成立するものであると考えられる。

　最後に、日蓮の立場は、上述のように、南無妙法蓮華経という題目一つによって救われるという専修題目という立場であるが、伝統的な天台宗の教学を最も忠実に受けついでいるのは日蓮であると言えよう。

# 第3章　キリスト教について

## 第1節　キリスト教についての予備知識

　本章ではキリスト教を取りあげる。日本ではクリスチャン（キリスト教徒）は1％弱であるとされており、キリスト教にあまりなじみがない人も多いと思われるので、まずキリスト教を理解するための予備知識をいくつか紹介したい。

### 『聖書』は『旧約聖書』と『新約聖書』に分かれている

　キリスト教の聖典は言うまでもなく『聖書』であるが、『聖書』は『旧約聖書』と『新約聖書』に分かれている。『旧約聖書』はもともとキリスト教の前身のユダヤ教の聖典で、ヘブライ語という言語で書かれている。「旧約」という呼び方は、神と人との間の古い契約を記した聖典ということで、あくまでもキリスト教側の呼び方である。

　『聖書』の最初の部分は『旧約聖書』で、『聖書』全体の約3分の2の分量を占めていて、残りの約3分の1が『新約聖書』である。『旧約聖書』（表3-1）の最初の5つの章は律法の書あるいはモーセ五書と呼ばれていて、天地創造からモーセの死までが記されており、紀元前5世紀ごろに正典化された（ユダヤ教の正統な聖典として認められた）。「ヨシュア記」から「エステル記」は歴史書であり、宗教的に解釈されたユダヤ人の歴史が記されている。「ヨブ記」から「雅歌」までは知恵文学の書とされ、「イザヤ書」から「マラ

表 3-1 『旧約聖書』の構成（土井監修，2004）

|  | 名　称 | 成立時期 | 概　要 |
|---|---|---|---|
| 五　書 | 創世記 | 前 5C 頃 | 天地創造、アダムとエバ、カインとアベル、バベルの塔など、有名な物語が含まれ、イスラエルの祖とされるアブラハムの族長物語が続く。族長たちの時代は、前 20C 頃〜前 15C 頃 |
|  | 出エジプト記 | 前 5C 頃 | モーセによるヘブライ人のエジプト脱出について書かれ、有名な「十戒」がおさめられている。時代設定は前 13C 頃。 |
|  | レビ記 | 前 5C 頃 | レビとは祭司のこと。神がモーセに伝えたとされるさまざまな決まりごとについて書かれている。時代設定は前 13C 頃。 |
|  | 民数記 | 前 5C 頃 | シナイ山のふもとを出発してからカナンに着くまでについて書かれている。時代設定は前 13C 頃。 |
|  | 申命記 | 前 5C 頃 | モーセによる演説とモーセの死、モーセの死後ヨシュアが新しい指導者になったことなどが書かれている。時代設定は前 13C 頃。 |
| 歴史書 | ヨシュア記 | 前 5C 頃 | イスラエルの民が、モーセの後継者ヨシュアと共に、いかに「約束の地」カナンに入ったかについて書かれている。時代設定は前 13C 頃。 |
|  | 士師記 | 前 5C 頃 | 士師というのは「裁き人、統治者」を意味する言葉。イスラエルの民が神にそむくたびに、士師という指導者が現れ民を導いていくという内容。時代設定は前 1375〜前 1050 年頃。 |
|  | ルツ記 | 前 8C 頃 | ユダヤ人のもとへ嫁いだ異国人ルツと姑ナオミの物語。ダビデの先祖の話でもある。時代設定は前 12C 前後。 |
|  | サムエル記（上・下） | 前 6C 頃 | 作者不明。最後の士師サムエルの活躍と統一王国にいたる過程、サウル王とダビデ王の治世についての、前 1050〜前 1000 年頃の時代が書かれている。 |
|  | 列王記（上・下） | 前 6C 頃 | 預言者エレミヤかその時代の歴史家が書いたものだといわれている。ダビデ王の晩年とソロモン王の治世から、統一王国の分裂、イスラエル王国、ユダ王国の滅亡までの時代が書かれている。 |
|  | 歴代誌（上・下） | 前 5C 頃 | 預言者エズラが書いたといわれている。「サムエル記下」から「列王記下」までの時代を、民がいかに神に忠実であったかという視点から描いたもの。 |

| 歴史書 | エズラ記 | 前 250-200 年頃 | 預言者エズラが書いたといわれている。「歴代誌」に続く書。バビロンからの帰還と神殿の再建など、民が神との関係を再構築していく様子が描かれている。 |
| --- | --- | --- | --- |
| | ネヘミヤ記 | 前 250-200 年頃 | ペルシア王に仕えるユダヤ人ネヘミヤを主人公にした物語。ネヘミヤがエルサレムの城壁をわずか 52 日で完成させた奇跡について描かれている。 |
| | エステル記 | 前 300-250 年頃 | ペルシアに住んでいたユダヤ人が書いたものと思われる。エステルはペルシア王妃となった女性。「プリムの祝い」の起源について描かれている。 |
| 知恵文学 | ヨブ記 | 前 300-250 年頃 | ヨブの物語。敬虔な人物であったヨブは、神と賭けをしたサタンによって次々と不幸に見舞われる。しかし、決して神を非難しなかったため、神によってさらなる富と繁栄を与えられたという話。時代設定は前 18C 前後 |
| | 詩編 | 個々によりさまざま | 神を賛美する歌を集めたもの。ダビデ王の作ともいわれているが、他にも複数の作者がいると思われる。 |
| | 箴言 | 前 300-250 年頃 | ソロモン王の知恵と教訓を集めたといわれる箴言集 |
| | コヘレトの言葉 | 前 300-250 年頃 | ソロモン王が語ったとされる言葉を集めたもの。 |
| | 雅歌 | 前 3C 頃 | ソロモン王が歌ったとされる恋の歌や愛の歌を集めたもの。 |
| 預言書 | イザヤ書 | 前 3C 頃 | 前 8C 頃活躍した預言者、イザヤの預言を記した書。イザヤは支配者に対して痛烈な批判を行ったことから、のこぎりで殺された。 |
| | エレミヤ書 | 前 580 年頃 | 前 600 年頃活躍した預言者エレミヤの預言を記した書。エレミヤは偶像崇拝に傾倒する民に対し、40 年にわたって滅亡を警告し続けた。 |
| | 哀歌 | 前 580 年頃 | エレミヤによって書かれたとされている。警告を無視され、エルサレム滅亡を目にしなければならなかったエレミヤの嘆きが記されている。 |
| | エゼキエル書 | 前 6C 頃 | 前 600 年頃のバビロン捕囚の時代に活躍した預言者、エゼキエルの預言を記している。故郷に帰るためには神に従わなくてはならないと説いている。 |
| | ダニエル書 | 前 165 年頃 | 前半は預言者ダニエルが活躍する話、後半は黙示文学となっている。バビロン捕囚の時代を描いており、シリアに迫害されていたユダヤ人をはげますためにつくられたと考えられている。 |

| 預言書 | ホセア書 | 前8C頃 | 前730年頃活躍したイスラエル王国の預言者、ホセアの活動が描かれている。 |
|---|---|---|---|
| | ヨエル書 | 前8C頃 | ホセアより少し前の時代に活躍した、南ユダ王国のヨエルの預言が書かれている。 |
| | アモス書 | 前8C頃 | 前760年頃、南王国の羊飼いで、後に北王国の預言者となったアモスの預言が書かれている。 |
| | オバデヤ書 | 前6C頃 | 前580年頃の預言者、オバデヤの預言が書かれている。 |
| | ヨナ書 | 前3C頃 | 前8C頃の人物とされるヨナが、神に選ばれてアッシリアのニネベの町に警告に向かう物語。ヨナが巨大な魚に呑み込まれたエピソードは有名。 |
| | ミカ書 | 前4C頃 | 前8C頃の預言者ミカの預言が書かれている。「ベツレヘムから新しい支配者が出る」など、救世主の誕生が預言されている。 |
| | ナホム書 | 前620年頃 | 前620年頃活躍した預言者ナホムがニネベの民に対して行った預言。 |
| | ハバクク書 | 前620年頃 | 前620年頃活躍した預言者、ハバククと神との問答が記されている。 |
| | ゼファニヤ書 | 前7C頃 | 前7C頃活躍した預言者ゼファニヤの預言を記した書。 |
| | ハガイ書 | 前6C頃 | 前500年頃活躍した預言者ハガイの預言を記した書。バビロン捕囚後、神殿再建を中断したユダヤ人に、再建を続けるように説いている。 |
| | ゼカリヤ書 | 前6C頃 | 前500年頃活躍した預言者ゼカリヤの預言を記した書。黙示文学の要素が強い。 |
| | マラキ書 | 前5C頃 | 前500〜前480年頃活躍した旧約時代最後の預言者、マラキの預言を記した書。 |

キ書」は預言書（預言者の言葉を記した書物）である。そして、我々が知っている『旧約聖書』が成立したのは1世紀末である。一方、『新約聖書』（表3-2）はキリスト教独自の聖典で、ギリシア語で書かれており全部で27巻ある。このうち4巻が福音書である。福音とは「喜ばしい知らせ」という意味で、イエスの教えやイエスの誕生から復活までが記されている。次の使徒言行録は歴史書であり、残りの21巻は書簡（手紙）である。『新約聖書』が現在の形になったのは、397年のカルタゴ公会議においてである。

第1節　キリスト教についての予備知識　　47

表 3-2　『新約聖書』の構成（土井監修，2004）

| | 名　称 | 成立時期 | 概　要 |
|---|---|---|---|
| 福音書 | マタイによる福音書 | 80 年代 | 著者不明。イエスの弟子だった徴税人のマタイという説もある。キリスト教に改宗したユダヤ人を対象に書かれたため、イエスが旧約聖書で預言されたメシア（救い主）であると示すことに力が注がれている。 |
| | マルコによる福音書 | 70 年頃 | 著者不明。ペトロの通訳者であったマルコという説もある。4つの福音書のなかでもっとも短く、シンプルな内容となっている。非ユダヤ人を対象に書かれたものであると思われる。 |
| | ルカによる福音書 | 80 年代 | 著者不明。医師でパウロの友人でもあったルカという説もある。使徒言行録の著者と同一人物。<br>イエスの誕生や少年時代についてもっとも詳しく書いてある。イエスの母マリアや女性信徒に関する記述も多い。 |
| | ヨハネによる福音書 | 90 年代 | 著者不明。イエスの弟子でイエスに愛されたゼベダイの子ヨハネという説もある。イエスが神の子キリストであることを主張。他の3つの福音書とは趣が異なる。 |
| 歴史書 | 使徒言行録 | 90 年代頃 | 著者は「ルカによる福音書」の著者ルカと同一人物であると思われる。イエスの死後の使徒たちの働き、パウロの回心、迫害や教会の分裂をはじめとする初期のキリスト教会の事情などが描かれている。 |
| 書簡 | ローマの信徒への手紙 | 56 年頃 | パウロがローマの教会に宛てた手紙。イエス・キリストを信じればすべての罪は許され、永遠の命を得ると説いている。 |
| | コリントの信徒への手紙 I | 55 年頃 | パウロがコリントの教会に宛てた手紙。コリントに住む信徒に、間違った教えに惑わされないように説いている。 |
| | コリントの信徒への手紙 II | 55 年頃 | パウロがコリントの教会に宛てて書いた手紙。使徒としてのパウロの確信などについて書かれている。 |
| | ガラテヤの信徒への手紙 | 53 年頃 | パウロがガラテヤの教会に宛てた手紙。人は律法を守ることによってではなく、ただイエ |

| 書簡 | | | ス・キリストを信じるだけで救われると説くなど、ユダヤ教の律法主義に対する批判が読み取れる。 |
|---|---|---|---|
| | エフェソの信徒への手紙 | 80年頃 | パウロの名前を借りただれかが、牢獄からエフェソの教会に宛てて書いた手紙。教会はイエスの体であり、イエスを信じる者はみな教会の一部であると説いている。 |
| | フィリピの信徒への手紙 | 54年頃 | パウロが獄中からフィリピの教会に宛てて書いた手紙。イエスを信頼し、模範とすることなどを説いている。 |
| | コロサイの信徒への手紙 | 80年頃 | パウロの名前を借りただれかが、獄中からコロサイの教会に宛てて書いた手紙。飲食、安息日、割礼などの決まりではなく、イエスこそがすべてであると説いている。 |
| | テサロニケの信徒への手紙Ⅰ | 50年頃 | パウロがテサロニケの教会に宛てて書いた手紙。信徒を励ますとともに、イエスの再臨について詳しく述べている。 |
| | テサロニケの信徒への手紙Ⅱ | 80年代 | パウロの名前を借りただれかが、書いた手紙。イエスの再臨についての誤解を正している。 |
| | テモテへの手紙Ⅰ | 2Cはじめ | パウロの名前を借りただれかがテモテという青年に宛てた手紙。テモテはパウロの伝道旅行に同行した後、エフェソの教会を託された。教会の指導にあたっての励ましと助言が書かれている。 |
| | テモテへの手紙Ⅱ | 2Cはじめ | パウロの名前を借りただれかがテモテという青年に宛てた手紙。教会のよい指導者となれるよう、教えが書かれている。 |
| | テトスへの手紙 | 2Cはじめ | パウロの名前を借りただれかがテトスに宛てて書いた手紙。パウロの伝道旅行に同行し、クレタ島の教会を任されていたギリシア人のテトスへの励ましや助言が書かれている。 |
| | フィレモンへの手紙 | 53年頃 | パウロが友人フィレモンに、キリスト教徒である逃亡奴隷オネシモをゆるすように頼んでいる。 |
| | ヘブライ人への手紙 | 80年代 | イエスへの信仰を持ちはじめたユダヤ人に宛てた手紙。イエスの偉大さがつづられている。 |

第1節　キリスト教についての予備知識　　49

| 書簡 | ヤコブの手紙 | 2C はじめ | ユダヤ人から迫害されている、ユダヤ人の信徒に宛てた手紙。（律法による）行いの伴わない信仰は無意味であると説き、イエスを信じるだけで救われるとするパウロの教えを批判している。ヤコブはイエスの兄弟であり、ヤコブの名前を使うことで手紙に権威を持たせようとしている。 |
| | ペトロの手紙Ⅰ | 90年代 | 迫害に苦しむ信徒を励まし、迫害への対処法を述べている。 |
| | ペトロの手紙Ⅱ | 2C 中頃 | にせ教師、にせ預言者への警告とイエスの再臨について述べている。 |
| | ヨハネの手紙Ⅰ | 1C 末 | 「ヨハネによる福音書」の著者と同一人物によって書かれたと思われる。 |
| | ヨハネの手紙Ⅱ | 1C 末 | Ⅰと同一著者。真理、愛、命について述べ、偽りを説く者への警告が書かれている。 |
| | ヨハネの手紙Ⅲ | 1C 末 | Ⅰ、Ⅱと同一者者。信徒としてふさわしくない生活をする者をいさめている。 |
| | ユダの手紙 | 2C はじめ | ユダはヤコブの兄弟。にせ教師についての警告が書かれている。 |
| 黙示録 | ヨハネの黙示録 | 90年代 | 黙示文学とは、身の危険などからそのままでは書けないようなことを、謎めかしてわかる人にはわかるように書いたもの。キリスト再臨の場面などが描かれている。難解な上に終末観に満たされていることから後にオカルトの世界でも利用されるようになった。「ノストラダムスの大予言」は、「ヨハネの黙示録」をもとにしている。作者は「ヨハネによる福音書」のヨハネとは別人だと考えられる。 |

## 人間は生まれながらにして原罪を背負っている

　これはキリスト教がユダヤ教から受けついだもので、ユダヤ教とキリスト教では、われわれがこの世に誕生した瞬間から罪を背負っているとされる。この原罪の起源だが、それは『旧約聖書』の最初の章である「創世記」に書かれているアダムとエバの話に由来する。アダムとエバは『旧約聖書』では、人類の始祖とされている。「創世記」の冒頭で、神は7日間で世界を創造した（この時、アダムも神によって土の塵から創られたが、エバは、後にアダ

ムの脇腹の骨から創られた）。そして、アダムとエバはエデンの園で平和に暮らしていたが、蛇にそそのかされて神が食べてはいけないと言った知恵の樹（善悪の知識の樹）の実を食べてしまい、その罰としてエデンの園から追放されて原罪を背負うようになった。そして、その原罪は、アダムとエバの子孫であるわれわれに受けつがれているとされている。なお、この原罪は、われわれがどんな厳しい修行をしようが自殺をしようが消えてなくなることはないとされる。

## 律　法

　予備知識の 3 番目は律法である。律法とはユダヤ人たちが神から与えられた守るべき決まりごとのことである。その起源はモーセの十戒である。モーセは紀元前 13 世紀ごろに活躍したユダヤの民のリーダーだった人物である。彼は当時、奴隷のような状態におかれていたユダヤの民を率いてエジプトを脱出し、約束の地・カナン（現在のパレスチナ）を目指した。その様子は『旧約聖書』の「出エジプト記」に記されている。そして、その途中でシナイ山の山頂で神から十戒を授かった。

**モーセの十戒**

・わたしのほかに神があってはならない。

・あなたの神、主の名をみだりに唱えてはならない（あなたはいかなる（神の）像を造ってはいけない）。

・主の日を心にとどめ、これを聖とせよ。

・あなたの父母を敬え。

・殺してはならない。

・姦淫してはならない。

・盗んではならない。

・隣人に関して偽証してはならない。

・隣人の妻を欲してはならない。

・隣人の財産を欲してはならない。

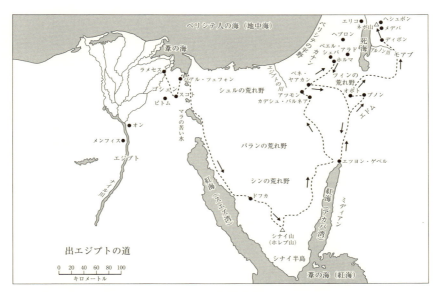

図3-1　出エジプトの経路（共同訳聖書実行委員会ほか訳，2012）

　そして、神はユダヤの民が律法を守るなら、彼らに栄光と繁栄を授けると約束した。ユダヤ教では、このことによって、神とユダヤの民との間に契約が成立したとされている。しかし、これはキリスト教の立場からするならば、神と人との間の古い契約ということになる。
　余談であるが、モーセ一行が葦の海を渡ろうとしたときに、海が2つに割れて無事に海を渡ることができ、後ろから追いかけてきたファラオ（エジプト王）の軍勢から逃げきることができたというのも非常に有名な話である。

### イエスが活躍した時代のパレスチナ

　イエスが活躍した時代のパレスチナ（紀元1世紀のパレスチナ）は、ローマ帝国の属領で、ローマ帝国の支配下にあり、ヘロデ王（Hērōdēs, Antipas 在位 4B.C.-39A.D.）という王様の治世の末期であった。

### パリサイ派

パリサイ派とはイエスが活躍した当時のユダヤ教の最大派閥で、日常生活の細かいことまで律法を守ることを主張した。当時のユダヤ教には、細かいものまで含めると、2000以上の律法が存在し、中には、安息日（仕事などをしてはならないと定められた日で、ユダヤ教の場合は土曜日）には歯を磨いてはいけないという律法までもが存在した。パリサイ派の人たちは、『新約聖書』では、パリサイ人と呼ばれている。また、律法学者たちもパリサイ派出身の人が多かったと言われている。そして、当時のユダヤ教は、モーセの時代から1000年以上が経過していたので、非常に形式化していて、形だけ、外見だけ律法を守れば救われるとされていた。

## 第2節　イエスの生い立ちと活動の開始

イエス（イエス・キリスト）は大工ヨセフとマリアの子として紀元前4年ごろにユダヤのベツレヘムに生まれた。当時、ローマ帝国から出身地で住民登録をするようにというおふれが出たため、ヨセフは妊娠中のマリアをつれて彼の出身地のベツレヘムに行き、マリアはベツレヘムの家畜小屋でイエスを産んだとされている。

その後、ガリラヤのナザレで大工の子として成長した。イエスも大工の家業を継いだようであるが、30歳ぐらいの時に家を出て、バプテスマのヨハネ（洗礼者ヨハネ）のもとに走り、彼から洗礼を受けた。洗礼とは全身を水にひたすか、または頭部に水を注ぐことによって罪を洗い清める宗教的儀式のことである。バプテスマのヨハネとは、紀元1世紀のパレスチナで活躍した宗教家で、終末（この世の終わり）の時の近いことを告げ、最後の審判の裁きの前に罪を悔い改めて神の国に入れるように備えよと説き、悔い改めのしるしとしてバプテスマ（洗礼）を授けていた人物である。ユダヤ教とキリスト教共通の考え方として、この世には始まりと終わりがあり、この世は神による7日間の世界創造で始まり、この世の終わりには最後の審判が行われると考えられている。最後の審判では、神によってすべての人が生前の行い

第2節　イエスの生い立ちと活動の開始　　　　　　　　　　　53

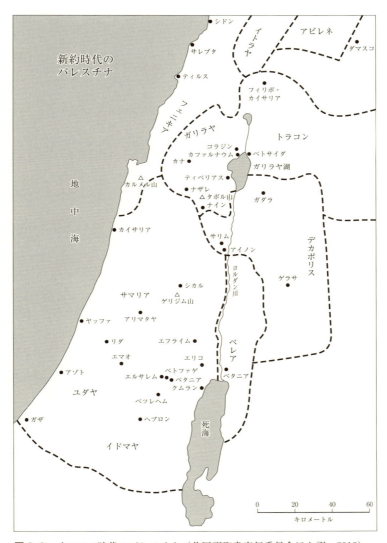

図 3-2　イエスの時代のパレスチナ（共同訳聖書実行委員会ほか訳, 2012）

**表 3-3　イエスの 12 人の弟子**（土井監修，2004）

**ペトロ（シモン）**
もと漁師。ガリラヤ湖で漁をしていたところをイエスにスカウトされ、以後イエスの一番弟子として宣教活動を行う。本名はシモンというが、イエスは「岩」という意味の「ペトロ」という名前を授け、「この岩の上にわたしの教会を建てる」と言った。イエスの死後、精力的に宣教活動を行い、初代教会をつくりあげた。ローマ・カトリック教会の初代教皇とされる。皇帝ネロの迫害にあい、ローマで殉教したといわれる。

**アンデレ**
もと漁師でペトロの弟。ペトロと一緒にガリラヤ湖で漁をしていたところを、イエスにスカウトされるが、「ヨハネによる福音書」には、もとは洗礼者ヨハネの弟子であったとも書かれている。

**ゼベダイの子ヤコブ**
もと漁師。他のヤコブと区別するため、「大ヤコブ」とも呼ばれる。血気盛んな性格だったらしく、弟のヨハネとともに「雷の子」とあだ名された。

**ヨハネ**
もと漁師でゼベダイの子ヤコブの弟。イエスに愛され、イエス亡き後のイエスの母マリアの世話を頼まれたともいわれる。「ヨハネによる福音書」の著者とする説もあったが、現在では否定されている。

**トマス**
デイドモともいわれる。イエスの復活を聞いた時に、「手に釘のあとを見なければ信じない」と言ったことから、「不信のトマス」と呼ばれる。1945 年に発見されたイエスの語録集「トマス福音書」の著者という伝承がある。

**マタイ**
レビともいう。もと徴税人。徴税人はローマ帝国の手先となって民衆から税を搾り取るため、蔑まされた存在だった。「マタイによる福音書」の著者とする伝承もあったが、現在では否定されている。

**シモン**
「熱心党のシモン」と呼ばれる。熱心党はローマ帝国からの独立を目指す過激な宗教的政治集団。熱心党の党員だったとも、正義感が強く一途な性格であったためにこのあだ名がついたともいわれる。

**アルファイの子ヤコブ**
小ヤコブと呼ばれる。小柄だったらしい。

**イスカリオテのユダ**
イエス一行の会計係を任されており、比較的教養のある階層の出身だったといわれている。後にイエスを裏切る。

**ナタナエル（バルトロマイ）**
アルメニアで殉教したといわれる。

**タダイ**
ヤコブの子ユダとも呼ばれる。

**フィリポ**
イエスにスカウトされた後、ナタナエルをイエスのもとに連れて行った。

によって裁かれ、天国か地獄に行くのかが決まるとされる。ヨハネによる洗礼を受けた後、イエスはユダの荒野で悪魔の誘惑を退けたと言われている。そして、ヨハネが投獄されたという知らせを聞いて、主としてガリラヤにて独自の宗教活動を始めた。イエスの活動の期間は、1年から3年であったと推測される。また、この頃に12人の弟子たちとも出会っている（表3-3）。ちなみに、この表3-3の下から4番目がイエスを裏切ったユダである。

## 第3節　イエスの教え

### 隣人愛について

　イエスが何を人々に説いたかということだが、まず、隣人愛について触れたい。ご存じのように、キリスト教はさかんに隣人愛について説く宗教だが、イエスが説く隣人愛とは、敵をも愛するということである（敵をも愛せということは、敵でない人ももちろん愛しなさい、世の中のすべての人を愛しなさいということを意味する）。このことに関して、イエスは「『隣り人［隣人。［　］は筆者による注。以下同じ］を愛し、敵を憎め』と言われていたことは、あなたがた［イエスに従う群衆］の聞いているところである。しかし、わたしはあなたがたに言う。敵を愛し、迫害する者のために祈れ」（「マタイによる福音書」5章43節〜44節（以下「マタイ」5, 43-44と略記。『新約聖書』からの引用は基本的に口語訳による）と言っている。また、イエスは、隣人愛は実践しないと意味がないとも主張している。このことをよく示しているのが、「善き（善い）サマリア人の譬え」である。

善きサマリア人の喩え

　ある律法学者が現れ、イエスを試みようとして言った、「先生、何をしたら永遠の生命が受けられましょうか。」［イエスは］彼に言われた、「律法にはなんと書いてあるか。あなたはどう読むか。」彼は答えて言った、「『心をつくし、精神をつくし、力をつくし、思いをつくして、主なるあなたの神を愛せよ。』また、『自分を愛するように、あなたの隣り人

を愛せよ』とあります。」［イエスは］彼に言われた、「あなたの答は正しい。そのとおり行いなさい。そうすれば、いのちが得られる。」すると彼は自分の立場を弁護しようと思って、イエスに言った、「では、わたしの隣り人とはだれのことですか。」イエスが答えて言われた、「ある人がエルサレムからエリコに下って行く途中、強盗どもが彼を襲い、その着物をはぎ取り、傷を負わせ、半殺しにしたまま、逃げ去った。するとたまたま、ひとりの祭司がその道を下ってきたが、この人を見ると、向こう側を通って行った。同様に、レビ人もこの場所にさしかかってきたが、彼を見ると向こう側を通って行った。ところが、あるサマリア人が旅をしてこの人のところを通りかかり、彼を見て気の毒に思い、近寄ってきてその傷にオリーブ油とぶどう酒とを注いでほうたいをしてやり、自分の家畜に乗せ、宿屋に連れて行って介抱した。翌日、デナリ［ローマの銀貨］二つを取り出して宿屋の主人に手渡し、『この人を見てやってください。費用がよけいにかかったら、帰りがけに、わたしが支払います』と言った。この三人のうち、だれが強盗に襲われた人の隣り人になったと思うか。」彼が言った、「その人に慈悲深い行いをした人です。」そこでイエスは言われた、「あなたも行って同じようにしなさい。」

(「ルカによる福音書（以下、「ルカ」と略記）」10, 25-37)


　サマリア人とは、紀元前722年の北イスラエル王国の滅亡後、ユダヤ人と異民族の混血によって生まれた民族である。イエスの時代には、純粋なユダヤ人ではないということで、ユダヤ人たちからは軽蔑・差別されていた。しかし、この譬えでは、強盗に襲われた気の毒な人を介抱した本当の隣人は、祭司（ユダヤ教の比較的位の高い宗教関係者）やレビ人（ユダヤ教のあまり位の高くない宗教関係者）ではなく、日頃ユダヤ人たちからは蔑まれていたサマリア人であるとされている。このように、隣人愛とは自らすすんで実践するものであり、また、人種や民族の垣根を越えているものなのである。

## 神の愛

　このようにキリスト教では隣人愛が重視されているが、実は隣人愛の前に、神がわれわれを愛しているということが先に来るのであって、われわれがいくら神に背いても悔い改めさえすれば、神はいつでも喜んでわれわれを受け入れてくれるとされる。このことを示す有名な喩え話の例が「放蕩息子の喩え」である。放蕩とは、やらなければならないことをしないで自分のやりたい放題に行動すること、特に酒や博打などにうつつをぬかして、自分の財産を使いつくしていくことである。

### 放蕩息子の喩え

　［イエスは］言われた、「ある人に、ふたりのむすこがあった。ところが、弟が父親に言った、『父よ、あなたの財産のうちでわたしがいただく分をください。』そこで、父はその身代［財産のこと］をふたりに分けてやった。それから幾日もたたないうちに、弟は自分のものを全部とりまとめて遠い所へ行き、そこで放蕩に身を持ちくずして財産を使い果した。何もかも浪費してしまったのち、その地方にひどいききんがあったので、彼は食べることにも窮しはじめた。そこで、その地方のある住民のところに行って身を寄せたところが、その人は彼を畑にやって豚を飼わせた。彼は、豚の食べるいなご豆で腹を満たしたいと思うほどであったが、何もくれる人はなかった。そこで彼は本心に立ちかえって言った、『父のところには食物のあり余っている雇人が大ぜいいるのに、わたしはここで飢えて死のうとしている。立って、父のところへ帰って、こう言おう、父よ、わたしは天に対しても、あなたにむかっても、罪を犯しました。もう、あなたのむすこと呼ばれる資格はありません。どうぞ、雇人のひとり同様にしてください。』そこで立って、父のところへ出かけた。まだ遠く離れていたのに、父は彼をみとめ、哀れに思って走り寄り、その首をだいて接吻した。むすこは父に言った、『父よ、わたしは天に対しても、あなたにむかっても、罪を犯しました。もうあなたのむすこと呼ばれる資格はありません。』しかし父は僕［召使いのこと］

たちに言いつけた、『さあ、早く、最上の着物を出してきてこの子に着せ、指輪を手にはめ、はきものを足にはかせなさい。また、肥えた子牛を引いてきてほふりなさい。食べて楽しもうではないか。このむすこが死んでいたのに生き返り、いなくなっていたのに見つかったのだから。』それから祝宴がはじまった。ところが、兄は畑にいたが、帰ってきて家に近づくと、音楽や踊りの音が聞えたので、ひとりの僕を呼んで、『いったい、これは何事なのか』と尋ねた。僕は答えた、『あなたのご兄弟がお帰りになりました。無事に迎えたというので、父上が肥えた子牛をほふらせなさったのです。』兄はおこって家にはいろうとしなかったので、父が出てきてなだめると、兄は父にむかって言った、『わたしは何か年もあなたに仕えて、一度でもあなたの言いつけにそむいたことはなかったのに、友だちと楽しむために子やぎ一匹も下さったことはありません。それなのに、遊女どもと一緒になって、あなたの身代を食いつぶしたこのあなたの子が帰ってくると、そのために肥えた子牛をほふりなさいました。』すると父は言った、『子よ、あなたはいつもわたしと一緒にいるし、またわたしのものは全部あなたのものだ。しかし、このあなたの弟は、死んでいたのに生き返り、いなくなっていたのに見つかったのだから、喜び祝うのはあたりまえである。』

(「ルカ」15, 11-32)

　もちろん、この喩えに登場する優しい父親は神の喩えであり、この父親が戻ってきた放蕩息子を優しく受け入れたように、神はわれわれが悔い改めさえすればいつでもわれわれを受け入れてくれるのである。しかし、神のわれわれに対する究極の愛とは、イエスによる贖罪である。このことについては後で触れる。

## 神の国

　当然であるが、イエスは神の国についても語っている。イエスは、一方ではバプテスマのヨハネの立場を受けついで、「時は満ちた、神の国は近づい

た。悔い改めて福音を信ぜよ」(「マルコによる福音書(以下、「マルコ」と略記)」1, 15)と言っている。また、このことに関連して、神の国が到来する日には世界が新しくなり、自分が栄光の座にすわるという意味のことも語られている(「マタイ」19, 28-29 参照)。しかし、他方でイエスは、神の国はあなたがたのただ中にあるとも言っている(「ルカ」17, 20-21)。これは、われわれが隣人愛という見えない絆によって結ばれている時に、すでにそこには神の国が見えない形で(潜在的には)実現されているということを意味しているのではなかろうか(もちろん、その潜在的な神の国が顕在化するのは、この世の終わりの最後の審判の時であるが)。

では、最後の審判の時に、神の国に入ることができるのはどんな人たちであろうか。そのことに関しては、イエスは次のように語っている。

> 富んでいる者が神の国にはいるよりは、らくだが針の穴を通る方が、もっとやさしい。
>
> (「マタイ」19, 24)

> あなたがた貧しい人たちは、幸いだ。神の国はあなたがたのものである。
>
> (「ルカ」6, 20)

> よく聞きなさい。心をいれかえて幼な子のようにならなければ、天国にはいることはできないであろう。この幼な子のように自分を低くする者が、天国でいちばん偉いのである。
>
> (「マタイ」18, 3-4)

イエスが活躍した時代のユダヤ教では、パリサイ人や律法学者、そして生活に余裕のある金持ちは律法をしっかり守っているので天国に行けるが、生活が厳しく律法を守るだけの余裕のない貧しい者は天国に行けないと考えられていた。しかし、イエスは逆に、パリサイ人や律法学者、そして金持ちは

かえって神の国からは遠く、神の国は貧しき人たちのものであると主張している。パリサイ人や律法学者、金持ちなどは、自分たちは律法をしっかり守っているのだからきっと神の国に行けるはずだ（神の国はわれわれのものだ）と胸をはっている、言いかえると、彼らは自分を低くする（謙虚になる）ことに失敗している。だから、彼らは神の国からは遠く、逆に、神の国はそのような不遜さとはほど遠い貧しい者たちのものであるということになる。

## 第4節　奇跡（奇蹟）といやし

『新約聖書』でのイエスはさまざまな奇跡を行い、多くの人の病をいやしたとされている。

### 奇跡の例

まず奇跡の例だが、イエスは湖の上で嵐をしずめた（「マルコ」4, 35-39）とか、死者を生き返らせた（「マタイ」9, 18-26、「マルコ」5, 21-43、「ルカ」8, 40-56「ヨハネによる福音書（以下、「ヨハネ」と略記）」11, 1-44）とか、あるいはわずかなパンと魚で約5千人の群衆に食事を与えた（「マタイ」14, 13-21、「ルカ」9, 10-17、「ヨハネ」6, 1-13）などの記述が『新約聖書』には見られる。このような奇跡はにわかには信じがたいと思う人もいるかもしれないが、キリスト教では、イエスは特別な存在であって、われわれの救い主であるとの位置づけになっているので、さまざまな奇跡を行ったのも不思議ではなく、むしろ当然であるとされている。

#### イエスが死者を生き返らせた例（ラザロの例）

ひとりの病人がいた。ラザロといい、マリヤとその姉妹マルタの村ベタニヤの人であった。［中略］姉妹たちは人をイエスのもとにつかわして、「主よ、ただ今、あなたが愛しておられる者が病気をしています」と言わせた。イエスはそれを聞いて言われた、「この病気は死ぬほどのものではない。」［中略］（そして）ラザロが病気であることを聞いてか

第4節 奇跡といやし　　　61

ら、なおふつか、そのおられた所に滞在された。［中略］それから弟子
たちに、「もう一度ユダヤ［ベタニヤ］に行こう」と言われた。［中略］
さて、イエスが行ってごらんになると、ラザロはすでに四日間も墓の中
に置かれていた。［中略］イエスはマルタに言われた、「あなたの兄弟は
よみがえるであろう。［中略］わたしはよみがえりであり、命である。
わたしを信じる者は、たとい死んでも生きる。」［中略］イエスは［中略］
墓にはいられた。それは洞穴であって、そこに石がはめてあった。イエ
スは言われた、「石を取りのけなさい。」［中略］人々は石を取りのけ
た。すると、イエスは目を天にむけて言われた、「父よ、わたしの願い
をお聞き下さったことを感謝します。あなたがいつでもわたしの願いを
聞きいれて下さることを、よく知っています。しかし、こう申しますの
は、そばに立っている人々に、あなたがわたしをつかわされたことを信
じさせるためであります。」こう言いながら、大声で「ラザロよ、出て
きなさい」と呼ばれた。すると、死人は手足を布でまかれ、顔も顔お
おいで包まれたまま、出てきた。イエスは人々に言われた、「彼をほど
いてやって、帰らせなさい。」

（「ヨハネ」11, 1-44）


### わずかなパンと魚で約5千人の群衆に食事を与えた

イエスは［中略］舟に乗ってそこ［郷里］を去り、自分ひとりで寂しい
所へ行かれた。しかし、群衆はそれと聞いて、町々から徒歩であとを追
ってきた。［中略］夕方になったので、弟子たちがイエスのもとにきて
言った、「ここは寂しい所でもあり、もう時もおそくなりました。群衆
を解散させ、めいめいで食物を買いに、村々へ行かせてください。」す
るとイエスは言われた、「彼らが出かけて行くには及ばない。あなたが
たの手で食物をやりなさい。」弟子たちは言った、「わたしたちはここ
に、パン五つと魚二ひきしか持っていません。」イエスは言われた、「そ
れをここに持ってきなさい。」そして群衆に命じて、草の上にすわら
せ、五つのパンと二ひきの魚とを手に取り、天を仰いでそれを祝福し、

パンをさいて弟子たちに渡された。弟子たちはそれを群衆に与えた。み
んなの者は食べて満腹した。[中略] 食べた者は、[中略] おおよそ五千
人であった。

(「マタイ」14, 13-21)

## いやしの例

つぎに、いやしの例であるが、『新約聖書』では、イエスは重い皮膚病を
患っている人をいやした (「マタイ」8, 1-3、「マルコ」1, 40-42、「ルカ」5, 12-
13) とか、中風をなおした (「マタイ」9, 1-8、「マルコ」2, 1-12、「ルカ」5, 17-
26)、あるいは安息日に、律法学者やパリサイ人たちがいる前で、手の萎え
た人をいやした (「マタイ」12, 9-13、「マルコ」3, 1-5、「ルカ」6, 6-10) などの
記述が存在する。当時のユダヤ教では、病人は罪人（何か宗教的な罪をおか
したので病気になった）として、さげすみの対象であった。イエスはさげす
みの対象だった病人たちに優しい手をさしのべたのである。

重い皮膚病の人をいやす

ひとりの重い皮膚病にかかった人が、イエスのところに願いにきて、ひ
ざまずいて言った、「みこころでしたら、きよめていただけるのです
が。」イエスは深くあわれみ、手を伸ばして彼にさわり、「そうしてあげ
よう、きよくなれ」と言われた。すると、重い皮膚病が直ちに去って、
その人はきよくなった。

(「マルコ」1, 40-42)

安息日に手の萎えた人をいやす

イエスがまた会堂にはいられると、そこに片手のなえた人がいた。[律
法学者とパリサイ派の] 人々はイエスを訴えようと思って、安息日にそ
の人をいやされるかどうかをうかがっていた。すると、イエスは片手の
なえたその人に「立って、中へ出てきなさい」と言い、人々にむかっ
て、「安息日に善を行うのと悪を行うのと、命を救うのと殺すのと、ど

ちらがよいか」と言われた。彼らは黙っていた。イエスは怒りを含んで彼らを見まわし、その心のかたくななのを嘆いて、その人に「手を伸ばしなさい」と言われた。そこで手を伸ばすと、その手は元どおりになった。

（「マルコ」3, 1-5）

## 第5節　律法学者とパリサイ人批判

　本章第1節で「当時のユダヤ教は、モーセの時代から1000年以上が経過していたので、非常に形式化していて、形だけ、外見だけ律法を守れば、救われるとされていた」と述べたが、イエスはそのような形式化したユダヤ教の中心的な担い手だったパリサイ派と律法学者を激しく批判している。イエスは、「偽善な律法学者、パリサイ人たちよ。あなたがたは、わざわいである。杯と皿との外側はきよめるが、内側は貪欲と放縦［勝手にしたいことをすること］とで満ちている。［中略］偽善な律法学者、パリサイ人たちよ。あなたがたは、わざわいである。あなたがたは白く塗った墓に似ている。外側は美しく見えるが、内側は死人の骨や、あらゆる不潔なものでいっぱいである。このようにあなたがたも、外側は人に正しく見えるが、内側は偽善と不法とでいっぱいである」（「マタイ」23, 25-28）とか「へびよ、まむしの子らよ、どうして［あなたたちは］地獄の刑罰をのがれることができようか」（「マタイ」23, 33）と言っている。パリサイ人とか律法学者たちは律法をしっかり守っているので、外面はきれいに見えるが、心の中での神への愛と正義の実行はおろそかにしている、すなわち、彼らは内面のあり方をおろそかにして形だけ律法を守ることを専らとしていた。そこをイエスは鋭く批判したのである。

　しかし、イエスは言葉でパリサイ人と律法学者を批判しているだけでなく、行動でも彼らを批判している。たとえばイエスは取税人（徴税人）や罪人とともに食事をしたり（「マタイ」9, 10、「マルコ」2, 15、「ルカ」5, 29）、イエスの弟子たちが安息日に麦の穂を摘んだりしている（「マルコ」2, 23-27）。

取税人（徴税人）も、ローマ帝国のためにユダヤ人たちから税金をとりたてるローマ帝国の手先として、律法学者やパリサイ人たちからは軽蔑されていた。そして、この箇所では、イエスの弟子たちが安息日に麦の穂を摘んでいることをパリサイ人から指摘されると、イエスは「安息日は人のためにあるもので、人が安息日のためにあるのではない」とはっきり言っている。ここで注意をしなければならないのは、「安息日は人のためにあるもので、人が安息日のためにあるのではない」という言葉は、イエスが単純に律法をすべて廃止せよと主張しているということを意味するのではないということである。たとえば「マタイ」5, 17 では、「わたしが律法や預言者を廃するためにきた、と思ってはならない。廃するためではなく、成就するためにきたのである」とイエスは言っている。このようなイエスの言葉を参考にすると、形だけ律法を守っても、そのような律法は、命がかよっていない死んだ律法であって、隣人愛と神への愛に裏づけられた律法遵守でないと律法も生きてこないとイエスは主張したかったのではなかろうか。そして、このような、パリサイ人や律法学者との論争が彼らを立腹させた。このことがイエスの死に関係してくることになる。

## 第6節　イエスの死と復活

### 受難の予告

　さて、キリスト教についての話もいよいよ核心に近づいてきた。イエスはガリラヤを去り、過越（の）祭を弟子たちと祝うためにエルサレムに向かう途中に自分の死と復活について予告をするようになった（「マタイ」16, 21、「マルコ」8, 31、「ルカ」18, 31-33）。

受難の予告

　この時［イエスがピリポ・カイザリヤの地方に行った時］から、イエス・キリストは、自分が必ずエルサレムに行き、長老、祭司長、律法学者たちから多くの苦しみを受け、殺され、そして三日目によみがえるべきこ

とを、弟子たちに示しはじめられた。

（「マタイ」16, 21）

過越祭とは、家畜の繁殖と災害にあわないことを祈るユダヤ教の宗教的儀式
で、ユダヤ暦の最初の月（アビブの月）に行われる。

### エルサレム入城

　エルサレムに到着したイエスはロバに乗ってエルサレムに入城（入場）
し、人々から熱狂的に迎えられた。そして、イエスは「宮の庭で売り買いし
ていた人々をみな追い出し、また両替人の台や、はとを売る者の腰掛をくつ
がえ」（「マタイ」21, 12）して宮（神殿）を清めた。このことが律法学者とパ
リサイ人たちをさらに激怒させた。そのために彼らはより真剣にイエスを殺
す計略を相談し始めた。

### 最後の晩餐とイエスの逮捕

　過越祭がやってくると、イエスは弟子たちと最後の晩餐に臨み、この時、
イエスは弟子のユダの裏切りを予告した（「マタイ」26, 20-25、「マルコ」14,
17-21、「ルカ」22, 14-23、「ヨハネ」13, 1-30）。実は、ユダは最後の晩餐の前
に、祭司長たちのところへ行き、銀貨30枚でイエスを引き渡す約束をして
いた。

<blockquote>

ユダの裏切りを予告する

　夕方になって、イエスは十二弟子と一緒に食事の席につかれた。そし
て、一同が食事をしているとき言われた、「特にあなたがたに言ってお
くが、あなたがたのうちのひとりが、わたしを裏切ろうとしている。」
［中略］イエスを裏切ったユダが答えて言った「先生、まさか、わたし
ではないでしょう。」イエスは言われた「いや、あなただ。」

（「マタイ」26, 20-25）

</blockquote>

66 第3章 キリスト教について

　そして、イエスは近くのオリーブ山にあるゲッセマネ（ゲッセマネ）というところに祈りに出かけたが、その途中で、一番弟子のペテロの離反を「よくあなた［ペテロ］に言っておく。今夜、鶏が鳴く前に、あなたは三度わたしを知らないと言うだろう」と予告した（「マタイ」26, 34）。実際に、イエスが最高法院（後ほど説明）で裁判を受けている時に、ペテロは法院の中庭にいたが、イエスの一味ではないかという意味のことをその場にいた人たちに3度問われて、3度違うと否定している（「マタイ」26, 69-75、「マルコ」14, 66-72、「ルカ」22, 54-62、「ヨハネ」18, 15-18）。そして、イエスがゲッセマネでの祈りを終えると、ユダが祭司長、律法学者、長老が遣わした、武器を持った群衆をともなってやって来てイエスに声をかけた。これがイエスを逮捕せよとの合図だったのである。イエスはユダの裏切りにより逮捕され、他の弟子たちは逃げてしまった（「マタイ」26, 47-56、「マルコ」14, 43-50、「ルカ」22, 47-53、「ヨハネ」18, 1-11）。

イエス、ユダの裏切りにより逮捕される

　イエスがまだ話しておられるうちに、十二弟子のひとりのユダが進みよってきた。また祭司長、律法学者、長老たちから送られた群衆も、剣と棒とを持って彼についてきた。イエスを裏切る者［ユダ］は、あらかじめ彼らに合図をしておいた、「わたしの接吻する者が、その人だ。その人をつかまえて、まちがいなく引っぱって行け。」彼は来るとすぐ、イエスに近寄り、「先生」と言って接吻した。人々はイエスに手をかけてつかまえた。［中略］弟子たちは皆イエスを見捨てて逃げ去った。

（「マルコ」14, 43-50）

## 死刑判決後のたらい回しとイエスの処刑

　逮捕されたイエスは、まず最高法院に送られ、大祭司、長老、律法学者たちは、イエスに神を冒瀆したという濡れ衣を着せ、死刑の決議を下した。最高法院とは、ユダヤ教の律法に関する最高法廷であり、同時にローマ帝国支配下におけるユダヤ人の自治機関でもあった。夜が明けると、彼らはイエス

第6節　イエスの死と復活　　　67

をローマ総督のピラトに引き渡した。ピラトはイエスを尋問したが、何も罪を見だせなかった。そこで、ピラトはイエスがガリラヤ出身であることを知ると、ガリラヤを支配していたヘロデ王がたまたまエルサレムに滞在していたので、イエスを彼に引き渡した。ヘロデ王は、イエスの噂を聞いていたのでイエスが何かしるしをおこなうことを期待して彼を尋問したが、イエスが何も答えないので、彼をあざけり侮辱した後に、ピラトに送り返した。イエスの処置に困ったピラトは、過越祭では囚人を1人恩赦で釈放することになっていたので、群衆の前で、バラバという殺人犯とイエスのどちらを釈放するのが良いかと尋ねた。そうすると群衆たちは「バラバを釈放して、イエスを処刑しろ」という意味のことを叫んだ。群衆の暴動を恐れたピラトはやむなくイエスの処刑を決めた。

　なぜエルサレム入城の時には熱狂的にイエスを迎えた民衆が、この時はイエスの処刑を叫んだのかを疑問に思う人もいるかもしれないが、イエスが逮捕されてローマ帝国の支配を終わらせてくれる政治的指導者ではないことが分かって人々が失望したことや、ユダヤ教の祭司長や長老たちが、バラバをゆるしてイエスを殺してもらうように群衆を説き伏せた（「マタイ」27, 20）、あるいは祭司長たちがバラバの方をゆるしてもらうように、群衆を煽動した（「マルコ」15, 11）ことがその理由とされている。

　処刑されることになったイエスは、自らの十字架を担がされ、ゴルゴタ（ゴルゴダ）の丘に向かった。イエスが十字架に磔になったのは、朝の9時ごろであったと言われている。昼の12時ごろからあたりは暗くなり、それが午後3時ごろまで続いた。そして、午後3時ごろ、イエスは「エリ、エリ、レマ、サバクタニ」と大声で叫んだ（「マタイ」27, 46、「マルコ」15, 34）。「エリ、エリ、レマ、サバクタニ」とは、アラム語（現在ではもう使われていない言語）で「わが神、わが神、なぜわたしをお見捨てになったのですか」という意味である。上述のように、『新約聖書』はギリシア語で書かれているが、この言葉はアラム語のままで残されている。そして、イエスはもう一度大声をだして息をひきとったとされる。

　ところで、「わが神、わが神、なぜわたしをお見捨てになったのですか」

の「わが神」とは、当然のことながら、父なる神のことを指している。したがって、この言葉を表面的に受けとるなら、イエスは父なる神から見すてられて惨めに十字架上で死んだということになる（父なる神がイエスを絶対否定した）。しかし、宗教の世界では、時おり絶対否定が絶対肯定を意味することがある。まさにこれはその好例と言えるであろう（本来であれば、このことをくわしく説明したいが、もしそれを試みるとすれば、文学部や人文学部の大学院の特殊講義レベルの説明となるので、あえてこの説明は省略する）。

> エリ、エリ、レマ、サバクタニ
> そして三時ごろに、イエスは大声で叫んで、「エリ、エリ、レマ、サバクタニ」と言われた。それは「わが神、わが神、どうしてわたしをお見捨てになったのですか」という意味である。
>
> （「マタイ」27, 46）

## ３日後に復活する。

イエスの遺体は、アリマタヤのヨセフに引き取られ、亜麻布に包まれ、岩を掘って作った新しい墓に葬られた。しかし、安息日が終わって週の初めの日の明け方に、マグダラのマリアともう１人のマリアがイエスの墓を見に行ったら、墓の扉が開いていてイエスの遺体はすでそこになかった（「マタイ」28, 1-8、「マルコ」16, 1-8「ルカ」24, 1-10、「ヨハネ」20, 1-18）。その後イエスは11人の弟子たちの前にあらわれ、福音を宣べ伝えることを命じた。そしてイエスは天にあげられたとされる（「マルコ」16, 15-19、「ルカ」24, 51、「使徒言行録（行伝）」1, 9）。

## 第７節　イエスの死の意味

キリスト教では、イエスの死の意味を次のように理解している。神は人々がいっこうに律法を守ることができないのを憐れんで、自分の１人子（イエス）を地上に遣わし、十字架上で刑死させることで人類の罪を贖った。した

がって、イエスの死は贖罪である。だから、われわれは原罪を含めてすべての罪から解放されて救われた。あとは、そのことを信じるだけでよい。信じる者は、この世の終わりの最後の審判の日に永遠の生命を神から与えられ救われる。イエスを刑死させたのは、神の（人種や民族の垣根を越えた）人類への愛である。そして、キリスト教では、神がモーセに十戒を授けて成立した古い契約に対して、このことによって神と人との間に新しい契約が成立したと見なしている。

## 第8節　その後のキリスト教発展のターニングポイント

　これまでは、キリスト教の基礎について触れてきた。この後、キリスト教という宗教がどのように発展をしていったのかをくわしく述べると、どれだけページ数があっても足りないので、記述の対象を西ヨーロッパとアメリカ（アメリカ合衆国）のキリスト教に限定して、発展のプロセスの要所のみをいくつか紹介したい。したがって、この節では、西ヨーロッパとアメリカのキリスト教発展の特に重要な3つのターニングポイントについて述べたい。

### 第1のターニングポイント

　第1のターニングポイントは、三位一体（〜4世紀）である。三位一体とは、神は、実体は1つなれど3つの位格（ペルソナ）を持つという、キリスト教独自の考え方である（図3-3）。その3つの位格とは、父（なる神）、子（なる神。イエス・キリストのこと）、聖霊である。神は人間ではないので、3つの人格を持つとは言えないので、位格を持つという言い方がされている。また、聖霊とは人間にやどり、人間に宗教的なインスピレーションを与えるものと考えられている。この三位一体という考え方は、キリスト教独特のもので、ユダヤ教やイスラーム（イスラム教）には、このような考え方はない。また、後述するように、宗教改革の結果、西ヨーロッパとアメリカのキリスト教はカトリックとプロテスタントに分かれることになったが、三位一体という考え方は、カトリックとプロテスタントの両方に共通である。

第3章　キリスト教について

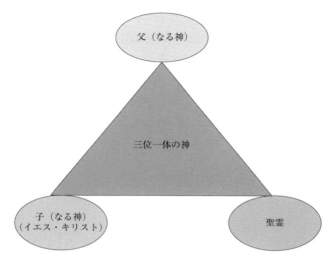

図3-3　キリスト教の三位一体のイメージ図

　この三位一体という考え方だが、キリスト教では『聖書』に根拠があるとされている。その例をいくつか紹介してみると、まず『新約聖書』では

　　父、子、聖霊の（御）名［単数］によって、バプテスマ［洗礼］を施し……

（「マタイ」28, 19）

　この箇所では、「父」、「子」、「聖霊」が三位一体の三位を、そして（御）名が単数形になっているのが、三位一体の一体を言っていると解釈されている。

　　全能者にして主なる神［御父］と小羊［キリスト］とが、その［都である新しいエルサレムの］聖所［神殿のこと、単数］なのである。

（「ヨハネの黙示録」21, 22）

　この箇所では、「主」と「子羊」が三位一体の父と子を意味しており、単

第8節　その後のキリスト教発展のターニングポイント　　71

---

公会議の信条

わたしは信じます。唯一の神、全能の父、
天と地、見えるもの、見えないもの、すべてのものの造り主を。
わたしは信じます。唯一の主イエス・キリストを。
主は神のひとり子、
すべてに先立って父より生まれ、
神よりの神、光よりの光、まことの神よりのまことの神、
造られることなく生まれ、父と一体。
すべては主によって造られました。
主は、わたしたち人類のため、
わたしたちの救いのために天からくだり、
聖霊によって、おとめマリアよりからだを受け、
人となられました。
ポンティオ・ピラトのもとで、わたしたちのために十字架につけられ、
苦しみを受け、葬られ、
聖書にあるとおり三日目に復活し、
天に昇り、父の右の座に着いておられます。
主は、生者と死者を裁くために栄光のうちに再び来られます。
その国は終わることがありません。
わたしは信じます。主であり、いのちの与え主である聖霊を。
聖霊は、父と子から出て、
父と子とともに礼拝され、栄光を受け、
また預言者をとおして語られました。
わたしは、聖なる、普遍の、使徒的、唯一の教会を信じます。
罪のゆるしをもたらす唯一の洗礼を認め、
死者の復活と来世のいのちを待ち望みます。
アーメン。

2004年2月18日　日本カトリック司教協議会認可

---

図3-4　ニカイア・コンスタンティノポリス信条（キュンク，2020）

数形の「聖所（神殿）」が三位一体の一体を意味している理解されている。
　次に『旧約聖書』では

　はじめに、神［複数］は天［と］地とを創造された［単数］。

（「創世記」1, 1）

この箇所では、複数形の神が三位を意味しており、「創造された」という動詞が単数形なのが一体を意味しているとされる。

　　神は言われた。「われわれのかたちに、われわれにかたどって人を造り、
　　　　　　　　　　　　　　　　　　　　　　　　　　　　（「創世記」1, 26）

この箇所では、主語の「われわれ」が三位を意味していると解釈されている。381年にコンスタンティノポリス公会議で制定されたニカイア・コンスタンティノポリス信条（信条とは、正しい信仰内容を定めた文章のこと）を見ればキリスト教の三位一体という考え方が完成していることが分かる（図3-4）。

## 第2のターニングポイント

　第2のターニングポイントは宗教改革（16世紀〜）である。ここでは、マルティン・ルター（Luther, Martin 1483-1546）と改革派について触れてみたい。

## 1）マルティン・ルター

　1517年、アウグスティヌス会修道士にして、ヴィテンベルク大学教授であったルターは、カトリック教会の贖宥状（免罪符）発行に抗議をして、「九十五箇条の提題（論題）」をヴィテンベルク城教会の扉に張り出した。贖宥状とは、これを買えば罪がなくなるという、いわばお札のようなものである。これに対して、カトリック教会はルターを破門した。これがきっかけとなって宗教改革は燎原の火のように広がっていった。そして、ルターの立場は、

　　・信仰のみ（sola fide（ソラ　フィデ））　人はイエス・キリストを信じる
　　　信仰によってのみ救われる。たとえいくら贖宥状を購入しても、それ
　　　は救いには関係ない。

> ・聖書のみ　聖書だけが教会と信徒の規範である（聖書に書かれていないことは基本的に認めない）。
> ・万人祭司（ばんにんさいし）　すべての信徒が潜在的には聖職者である（特権的な聖職者階級の存在を否定）。

の３つに集約される。この３つをルターの三大原理と呼ぶ。ちなみに、２番目の聖書のみという立場に立つと、従来のカトリック教会で当たり前に認められてきたもの、たとえば聖母マリア信仰などは否定されることになる。

　そして、ルターから始まるルター派はデンマーク、スウェーデンなどの北欧、アイスランド、17世紀以降は北アメリカ、さらには19世紀には日本を含むアジアにも進出した。

## 2）改革派

　フルドリッヒ・ツヴィングリ（Zwingli, Huldrych 1484-1531）はスイスのチューリッヒで、ジャン・カルヴァン（Calvin, Jean 1509-1564）はジュネーブで、ルターから刺激を受けて宗教改革を開始した。この改革の流れは合体し、改革派を形成することになった。特に、カルヴァンの立場は改革派の中で重きをなしている。そこで、カルヴァンの立場を紹介すると、

> ・福音主義（神中心主義）　日常生活の全てが神中心でないといけない。カルヴァンは、神の意志を現世（日常生活）に実現して、神の栄光を現世に現すためには、信仰と（律法（教会規律）に裏づけられた）行為の両方が重要であると考えた。
> ・ルターの三大原理を徹底させる。
> ・予定説　救われる人間と救われない人間はあらかじめ神が決定している。

　３番目の予定説であるが、この予定説を彷彿（ほうふつ）とさせる譬え話が『新約聖

書』にすでに存在する。それが毒麦の譬えである。

## 毒麦の譬え

［イエスは］ほかの譬えを彼ら［イエスの弟子たち］に示して言われた、「天国は、良い種を自分の畑にまいておいた人のようなものである。人々が眠っている間に敵がきて、麦の中に毒麦をまいて立ち去った。芽がはえ出て実を結ぶと、同時に毒麦もあらわれてきた。僕たちがきて、家の主人に言った、『ご主人様、畑におまきになったのは、良い種ではありませんでしたか。どうして毒麦がはえてきたのですか。』主人は言った、『それは敵のしわざだ。』すると僕たちが言った『では行って、それを抜き集めましょうか。』彼は言った、『いや、毒麦を集めようとして、麦も一緒に抜くかも知れない。収穫まで、両方とも育つままにしておけ。収穫の時になったら、刈る者に、まず毒麦を集めて束にして焼き、麦の方は集めて倉に入れてくれ、と言いつけよう。』」［中略］すると弟子たちは、みもとにきて言った、「畑の毒麦の譬えを説明してください。」イエスは答えて言われた、「良い種をまく者は、人の子である。畑は世界である。良い種と言うのは御国の子たちで、毒麦は悪い者の子たちである。［中略］収穫とは世の終りのことで、刈る者は御使たちである。だから、毒麦が集められて火で焼かれるように、世の終りにもそのとおりになるであろう。

（「マタイ」13, 24-40）


「毒麦の譬え」によれば、この世では、同じように日々の暮らしを営んでいても、（良い）麦の人と毒麦の人が存在している。そして、毒麦の人は、決して神の救済に与ることはないのである。カルヴァンによれば、神はあらかじめ救われる人間と救われない人間を決めているが、残念ながら、われわれ人間には救われる側にいるのか救われない側にいるのかはわからない。そこで、自堕落な生活をしている人は神から見放されていて救われない側に、逆に信仰にそった生活をしている人は、神とつながっており、救われる側に

いるに違いないとするならば、当然、自分は救われる側にいると信じたいので、信仰にそった生活を目指そうとすることになる。そして、信仰にそった生活ができていることが、神とつながっており、救われる側にいる証拠になるに違いないと、改革派の人たちは考えた。そこで彼らは、神から与えられた神聖な使命である職業にいそしむことによって成功して「神に喜ばれる者」になることが、救われる側にいる証であると考えた。しかも、働く理由は金儲けではないので、誠実に寝る間もおしんで必死に働くことになる。そして、そのようにしてたまったお金を自分の欲望のために使うのではなく、神から与えられた仕事のために使う、すなわち資本として投資することになる。このことが資本主義の成立につながっていった。このことを非常に詳細に研究したのが、マックス・ヴェーバー（Weber, Max 1864-1920）の有名な『プロテスタンティズムの倫理と資本主義の精神』という書物である。改革派はオランダ、スコットランド、アイルランド、ドイツ、イギリス（ピューリタン）、さらにイギリスからアメリカ、そして日本へと広がっていった。この宗教改革の結果、西ヨーロッパとアメリカのキリスト教は、カトリックとプロテスタントに分かれることになった。

## 第３のターニングポイント

　第３のターニングポイントは、アメリカのプロテスタントの諸宗派（教派）が、主流派プロテスタントと福音派プロテスタントに分裂したプロテスタント大分裂（1920年代〜1930年代）である。その原因は２つほどあり、その１つは、19世紀にドイツで始まった新しい聖書研究方法である。それは文献学などの知見を駆使した新しい聖書研究のスタイルである。その代表者の１人がドイツの神学者にして言語学者であったユリウス・ヴェルハウゼン（Wellhausen, Julius 1844-1918）である。それまでは、『聖書』は建前上、神の言葉とされ、それを文献学などの立場から研究することは考えられないことであった。ヴェルハウゼンは『旧約聖書』の最初の５つの章（『律法の書（モーセ五書）』と呼ばれている）を言語学や文献学などの見地からくわしく研究して、それらは、成立年代が異なる４つの資料から編纂されたものであると

いう仮説を立てた。これを四資料仮説と言う。一方、『新約聖書』に関しては、二資料仮説なども提唱された。二資料仮説とは、ハインリヒ・ホルツマン（Holtzmann, Julius Heinrich 1832-1910）によるもので、「マタイによる福音書」と「ルカによる福音書」は、「マルコによる福音書」（または「マルコによる福音書」の原形である仮説資料「原マルコ」ともう一つ別のイエスの語録集（ドイツの神学者ヨハネス・ヴァイス（Weiß, Johannes 1868-1914）がQ資料と名づけたもの））を利用して書かれたという仮説である。しかし、これらの仮説は、『聖書』が神の言葉であるという建前と両立しがたい。もう1つは、ダーウィン（Darwin, Charles Robert 1809-1882）の進化論である。ダーウィンの進化論はこの頃になってようやくアメリカに伝わってきた。この進化論は、『旧約聖書』の「創世記」の冒頭に書かれている神による7日間の世界創造ということと矛盾する。そこで、この2つを受け入れるかどうかをめぐって、1920年から1930年代に、アメリカのプロテスタントたちの間に大論争が生じ、その結果、アメリカのプロテスタントは主流派プロテスタントと福音派プロテスタントに分裂をした（図3-5）。

　前者には、この2つを基本的に受け入れる、どちらかと言えばリベラルな立場の人が多い。一方、後者はこの2つに否定的な、どちらかと言えば保守的な立場で、ダーウィンの進化論だけでなく、人工妊娠中絶や同性愛・同性婚などにも否定的な人が多いと言われている。現在、アメリカ人の約25%が、この福音派に属し、その割合は徐々に増えているとも言われている。

　そして、福音派も、大別すると全国福音派教会と各種原理主義団体に分かれている。後者の各種原理主義団体は、その名の示すとおり、キリスト教原理主義（Christian fundamentalism）の色彩が特に強い団体である。キリスト教原理主義とは、『聖書』は神の言葉だから、一字一句文字通りに信じなければならないと主張する立場を指す。そして、おもしろいことにアメリカでは、宗教的立場と支持政党が密接に関連している。主流派プロテスタントの人たちは、どちらかと言えばリベラルな立場なので、リベラル政党である民主党支持者が多い。逆に、各種原理主義団体に属する人たちは、まずまちがいなく保守政党である共和党支持である。ただ、全国福音派教会に属する人

第8節　その後のキリスト教発展のターニングポイント

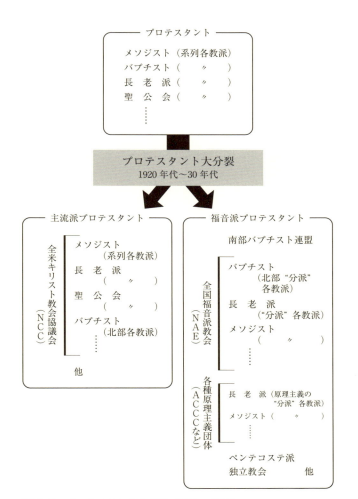

図 3-5　プロテスタント大分裂（飯山，2008）

たちは、各種原理主義団体に属する人たちほどガチガチの原理主義者ではない人が多いとされているので、その時々の政治や社会の状況次第で投票行動が違ってくることがある。2016年のアメリカ大統領選では、トランプ氏が、福音派の人にとってはアメリカ社会の行きすぎたリベラル化（たとえば同性愛や同性婚を認めるなど）を批判し、各種原理主義団体に属する人たちだ

けでなく、全国福音派教会に属する人たちの支持も多く獲得することに成功したことが、トランプ氏当選の大きな要因の1つになったと言われている。2016年の大統領選以来、福音派の人たちの中にトランプ氏を支持する岩盤支持層が存在し続けていて、現在でも約7割の福音派の人たちがトランプ氏を支持していると言われている。2024年11月の大統領選挙ではトランプ氏が圧勝した。もちろんこれだけがトランプ氏当選の要因ではないが、このような岩盤支持層の存在がトランプ氏圧勝の大きな要因の一つであることは間違いないであろう。

# 第4章　イスラームについて

　本章では、イスラーム（Islām、イスラム教）について触れる。イスラームと聞けば何となく過激なイメージを持っている方やイスラム国（IS）を連想する人も存在すると思うが、イスラーム教徒のほとんどすべての人は非常に穏健な人たちであり、また、イスラム国は勝手に「イスラム」と名乗っているが、その構成員の行動はイスラームの教えとは無関係である。このことは最初に強調しておきたい。

　さて、第1節に入る前に、イスラームに関する主要用語の変更について確認をしておきたい。一昔前までは、宗教名は、回教、またはマホメット教であったが、最近ではイスラームという呼称が普通になってきている。また、イスラームの開祖や信仰の対象も、マホメットやアラーの神ではなく、ムハンマドやアッラー、聖典名も『コーラン』でなく『クルアーン』と表記されることが普通になってきている。さらに、イスラームの聖地もメッカ、メディナでなく、マッカ、マディーナと表記することが多くなってきている。したがって、本書でも基本的にそれに従うことにする。ちなみに、イスラームという宗教名であるが、それはアラビア語で「帰依すること」の意味である。帰依とは、自分のすべてを神様にお任せすることである。

## 第1節　ムハンマドの生涯

　イスラームはムハンマド（Muḥammad）を創始者とする創唱宗教なので、イスラームについて語るためには、まずムハンマドについて語らねばならな

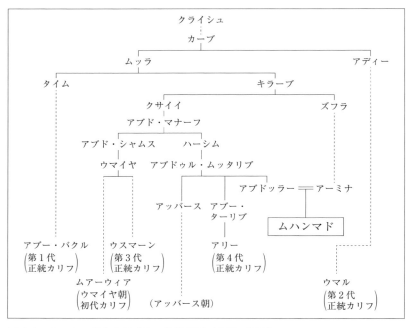

図4-1　ムハンマドとクライシュ族家系図（小杉，2002）

い。ムハンマドの誕生は紀元570年ごろで、マッカ（メッカ）を地盤とするクライシュ族の支族であるハーシム家の出身である。ハーシム家の当主アブドル・ムッタリブには10男6女の子供があったが、末子のアブドッラーがムハンマドの父である。ムハンマドの父は、彼が母アーミナのお腹にいる時に死亡し、母も彼が6歳の時に亡くなって彼は孤児となった。孤児となったムハンマドは祖父によって育てられたが、祖父の死後は叔父のアブー・ターリブが保護者となった（アブー・ターリブは、自身はイスラームの教えを受け入れようとしなかったが、断固としてムハンマドの保護を続けた）。神からの啓示が始まる前のムハンマドは、ごく平凡な商人であったが、25歳でハディージャという40歳の未亡人にして女性商人と結婚した。ムハンマドは彼女との間に6人の子供をもうけた。

　そんな彼に転機が訪れたのは、40歳の時であった。彼がマッカ郊外のヒ

ラー山にある洞窟に赴いて瞑想をしていると、予期せぬ訪問者があった。その訪問者とは大天使ジブリール（Jibrīl）であった（ジブリールはキリストの母・マリアに受胎告知（マリアがキリストを妊娠したことを告げること）をおこなったガブリエルと同じ天使である。ガブリエルをアラビア語式に発音すると、ジブリールになる）。そしてジブリールは、突然、アラビア語で「読（誦）め！」と叫んだ。びっくりしたムハンマドは、「私は読むことができません（要するに、字が読めないという意味）」と答えた。すると、ジブリールは彼の首を死ぬほど強くしめ上げた（手下げ袋で彼を押さえつけたという伝承もあり）。そして、彼を放すとまた「読め！」と叫んだ。しかし、ムハンマドが同じことを答えると、再びジブリールは彼の首をしめた（手下げ袋で彼を押さえつけた）。そして、同じことが3回もくり返された後で、ムハンマドがジブリールの言うことに従うことにすると、ジブリールは読むべき内容を語った。その内容が『クルアーン』の「凝血章」第1～5節である（『クルアーン』からの引用は、基本的に中田監修, 2014 による）。

### 96章「凝血章」（第1節～5節）

誦め、おまえの主の御名において、［森羅万象を］創造し給うた［主の御名において］、［つまり］彼は人間を凝血から創造し給うた。誦め。そしておまえの主は最も気前よき御方であり、筆によって［書くことを］教え給うた御方であり、［つまり］人間に彼［人間］の知らなかったことを教え給うた［御方である］。

彼がそれを復唱すると、ジブリールは立ち去った。ムハンマドが洞窟を出ると、上空から「ムハンマドよ、汝はアッラーの使徒なり。そして、われはジブリールなり」との声が落ちてきた。ムハンマドが上空を見上げると、ジブリールが地平線をまたいで立っていた。この出来事に驚いたムハンマドは、家に帰って、恐怖に震えながら布を頭からかぶっていた。ムハンマドは、自分が幻覚を見たか気が狂ってしまったと思っていた。これを励ましたのは、ムハンマドの妻のハディージャであった。彼女は従兄弟でキリスト教

徒のワラカにこのことを相談したところ、ワラカは、ムハンマドを訪問した
のは、本当にアッラーから遣わされたジブリールに違いないと断言した。そ
こで、ハディージャはムハンマドにこれを受け入れるように説得して励ま
し、自らが最初のイスラーム教徒になった。イスラーム教徒のことをムスリ
ム（muslim）と言うが、ムスリムとは、アラビア語で「帰依する者」の意味
である。

　このようにして神からのムハンマドに対する最初の啓示がなされたが、以
後、神からの啓示は断続的に下ることになる。「啓示（revelation）」とは神
の言葉が人間に示されることで、日本人には馴染みがうすいかもしれない
が、ユダヤ教やイスラームなどの一神教ではあたりまえのことである。ムハ
ンマドに下った啓示が『クルアーン』という啓典（聖典）であり、その啓示
の内容がイスラームの教えということになる。ちなみに、イスラームでは、
ムハンマドは最後の預言者にして最後の使徒であるとされている（『クルア
ーン』33章「部族連合」（第40節））。預言者とは神の言葉を預かるから「預言
者」と言う。さらに、それを人に伝える役割を神から与えられると、使徒と
いうことになる。


33章「部族連合」（第40節）

　ムハンマドはおまえたちの男のうちの誰の父親でもなく、アッラーの使
　徒で、預言者たちの封緘［最後の預言者］である。そしてアッラーはあ
　らゆることについてよく知り給う御方であらせられた。


　預言者となったムハンマドの生涯は、マッカ期とマディーナ（メディナ）
期に分かれる。マッカでの布教は13年間に及ぶ。そして、マッカ期のうち
の3年間が秘密の布教期、残りの10年が公然の布教期であった。秘密の布
教期には、布教の対象はムハンマドの近親者や親しい友人に限られた。秘密
の布教期に最初にイスラームに入信した男性信者は、アブー・バクル（後の
初代カリフ（ハリーファ（khalīfa）、預言者ムハンマドの代理人の意味））であ
る。公然の布教期に入ると、ムハンマドは出身部族であるクライシュ族から

宗教活動を妨害されるようになった。なぜなら、クライシュ族は多神教教徒で偶像崇拝を行っていたからである（もちろんイスラームは一神教であり、偶像崇拝も認めない）。また、男女差別や貧富の差に批判的なイスラームの教えは、当時のクライシュ族の人たちの考え方とは相容れないところがあった。そこで、ムハンマドは、愛妻・ハディージャと自分を保護してくれた叔父（アブー・ターリブ）が亡くなったこともあり、さらに部族対立に悩むマディーナからムハンマドを調停者として迎えたいとの要望もあり、マディーナへと移住した（622年）。これをヒジュラ（Hijra、聖遷）と言う。

　マディーナへと移住したムハンマドは、「マディーナ憲章」を制定して、マディーナに平和をもたらすことに成功した。この「マディーナ憲章」は、それまでの部族主義に代わって、信仰を基礎とする共同体を樹立し、宗教共存による安全保障の原理を打ち立てた。これがウンマ（umma、イスラーム共同体）の出発点である。この後、これを潰そうとするマッカ勢とマディーナ勢との間に戦役が勃発した。この争いの帰趨を決したのは、627年の「部族同盟（連合）の戦い」であった。マッカ勢は、アラビア半島全体から集めた総兵力約7500人でマディーナ勢に決戦を挑んだ。マディーナ勢はマディーナ周辺に総延長約20キロにも及ぶ塹壕を掘って、籠城戦でもって対抗した。マッカ側は、長期戦で次第に戦意を失い、脱走するものが続出し、包囲戦は失敗に終わった。これをきっかけにマッカ勢は力を失っていき、630年にムハンマドはマッカに無血入城した。そして、マッカの人々は許されてイスラームに入信した（この時のムハンマドに対するアッラーからの啓示は、『クルアーン』110章「助け（援助）」（第1節〜3節）である）。

## 110章「助け（援助）」（第1節〜3節）

アッラーの援助と勝利［マッカ征服］が来て、そして人々が群れをなしてアッラーの宗教に入るのを見たなら、しからば、おまえの主の称賛をもって［主を称賛して］賛美し、彼に赦しを乞え。まことに彼はよく顧み戻り給う御方。

これを知った多くの部族が、ムハンマドと盟約を結ぶために使者を送り、アラビア半島の大半がイスラーム圏に入ることになった。ムハンマドは632年に成功者として亡くなったが、ムハンマドの死後はアブー・バクルが初代カリフに就任し、以後もイスラーム圏は拡大していくことになる。

## 第2節　イスラームの啓典『クルアーン』とは

『クルアーン（Qur'ān）』とは、アラビア語で「読（誦）まれるもの」という意味で、ジブリールがムハンマドに命じた「読め！」に由来する。ムハンマドに対する神からの啓示はどのような形で断片的に保存されていたかと言えば、啓示はある時、突然に始まるので、その場その場にたまたま存在したナツメヤシの葉や石、動物の骨や皮などに記されたり、何も書くものがない時には人々の記憶にとどめられていた。そこで、3代目カリフのウスマーンは、ムハンマドに対する神からの啓示を一冊の書物にまとめるため、啓示の編集をザイド・イブン・サービトを筆頭とする数名の人物に命じた。この編集作業は650年頃に完了し、それまであった断片的な資料はすべて焼却された。現在の『クルアーン』はこのようにしてできあがった。『クルアーン』は全体で114の章からなっていて、おおむね長い章から順に掲載する編集方針を採用しているので、古い啓示ほど後にくる傾向がある（表4-1）。

## 第3節　ムスリムは何を信じるのか

ムスリムは何を信じているかと言えば、それは次に挙げる六信である。信じていることが6つあるので、「六信」と言われる。

### アッラー（Allāh）

アラビア語の「アル（アラビア語の定冠詞）＋イラーフ（アラビア語で神の意味）（al-ilah）」から来ており、まさに the God の意味である。イスラームでは、アッラー以外に神はなく、神は唯一全知全能絶対の存在である。ただ

## 表4-1 『クルアーン』の全章名・節数・啓示の場所（大川，2004）

| | 章 名 | 節 数 | 場 所 | | 章 名 | 節 数 | 場 所 |
|---|---|---|---|---|---|---|---|
| 1 | 開扉 | 7 | メッカ | 38 | サード | 88 | メッカ |
| 2 | 雌牛 | 286 | メディナ | 39 | 集団 | 75 | メッカ |
| 3 | イムラーン家 | 200 | メディナ | 40 | 赦す御方 | 85 | メッカ |
| 4 | 女性 | 176 | メディナ | 41 | 解明 | 54 | メッカ |
| 5 | 食卓 | 120 | メディナ | 42 | 協議 | 53 | メッカ |
| 6 | 家畜 | 165 | メッカ | 43 | 装飾 | 89 | メッカ |
| 7 | 高壁 | 206 | メッカ | 44 | 煙 | 59 | メッカ |
| 8 | 戦利品 | 75 | メディナ | 45 | 跪く | 37 | メッカ |
| 9 | 改悛 | 129 | メディナ | 46 | 砂丘 | 35 | メッカ |
| 10 | ヨナ | 109 | メッカ | 47 | ムハンマド | 38 | メディナ |
| 11 | フード | 123 | メッカ | 48 | 勝利 | 29 | メディナ |
| 12 | ヨセフ | 111 | メッカ | 49 | 部屋 | 18 | メディナ |
| 13 | 雷 | 43 | メディナ | 50 | カーフ | 45 | メッカ |
| 14 | アブラハム | 52 | メッカ | 51 | 撒き散らす | 60 | メッカ |
| 15 | ヒジュル | 99 | メッカ | 52 | 山 | 49 | メッカ |
| 16 | 蜜蜂 | 128 | メッカ | 53 | 星 | 62 | メッカ |
| 17 | 夜の旅 | 111 | メッカ | 54 | 月 | 55 | メッカ |
| 18 | 洞窟 | 110 | メッカ | 55 | 慈愛あまねき御方 | 78 | メディナ |
| 19 | マリア | 98 | メッカ | 56 | 出来事 | 96 | メッカ |
| 20 | ター・ハー | 135 | メッカ | 57 | 鉄 | 29 | メディナ |
| 21 | 預言者 | 112 | メッカ | 58 | 抗議する女性 | 22 | メディナ |
| 22 | 巡礼 | 78 | メディナ | 59 | 集合 | 24 | メディナ |
| 23 | 信仰者 | 118 | メッカ | 60 | 試問される女性 | 13 | メディナ |
| 24 | 光 | 64 | メディナ | 61 | 戦列 | 14 | メディナ |
| 25 | 識別 | 77 | メッカ | 62 | 集会 | 11 | メディナ |
| 26 | 詩人 | 227 | メッカ | 63 | 偽善者 | 11 | メディナ |
| 27 | 蟻 | 93 | メッカ | 64 | 騙し合い | 18 | メディナ |
| 28 | 物語 | 88 | メッカ | 65 | 離婚 | 12 | メディナ |
| 29 | 蜘蛛 | 69 | メッカ | 66 | 禁止 | 12 | メディナ |
| 30 | ローマ | 60 | メッカ | 67 | 大権 | 30 | メッカ |
| 31 | ルクマーン | 34 | メッカ | 68 | 筆 | 52 | メッカ |
| 32 | 跪拝 | 30 | メッカ | 69 | 真実の日 | 52 | メッカ |
| 33 | 部族連合 | 73 | メディナ | 70 | 階段 | 44 | メッカ |
| 34 | サバア | 54 | メッカ | 71 | ノア | 28 | メッカ |
| 35 | 創造主 | 45 | メッカ | 72 | ジン | 28 | メッカ |
| 36 | ヤー・スィーン | 83 | メッカ | 73 | 衣をかぶる者 | 20 | メッカ |
| 37 | 整列する者 | 182 | メッカ | 74 | 外衣に包まる者 | 56 | メッカ |

| 章 名 | 節 数 | 場 所 | 章 名 | 節 数 | 場 所 |
|---|---|---|---|---|---|
| 75 復活 | 40 | メッカ | 95 いちじく | 8 | メッカ |
| 76 人間 | 31 | メディナ | 96 凝血 | 19 | メッカ |
| 77 送られるもの | 50 | メッカ | 97 運命 | 5 | メッカ |
| 78 知らせ | 40 | メッカ | 98 明証 | 8 | メディナ |
| 79 引き抜く者 | 46 | メッカ | 99 地震 | 8 | メディナ |
| 80 眉をひそめて | 42 | メッカ | 100 疾走する馬 | 11 | メッカ |
| 81 包み隠す | 29 | メッカ | 101 戦慄 | 11 | メッカ |
| 82 裂ける | 19 | メッカ | 102 張り合い | 8 | メッカ |
| 83 量りをごまかす者 | 36 | メッカ | 103 日が傾く者 | 3 | メッカ |
| 84 割れる時 | 25 | メッカ | 104 中傷する者 | 9 | メッカ |
| 85 星座 | 22 | メッカ | 105 象 | 5 | メッカ |
| 86 夜の訪問者 | 17 | メッカ | 106 クライシュ族 | 4 | メッカ |
| 87 至高なる御方 | 19 | メッカ | 107 慈善 | 7 | メッカ |
| 88 隠蔽 | 26 | メッカ | 108 潤沢 | 3 | メッカ |
| 89 夜明け | 30 | メッカ | 109 不信仰者 | 6 | メッカ |
| 90 町 | 20 | メッカ | 110 援助 | 3 | メディナ |
| 91 太陽 | 15 | メッカ | 111 棕櫚 | 5 | メッカ |
| 92 夜 | 21 | メッカ | 112 純正 | 4 | メッカ |
| 93 朝 | 11 | メッカ | 113 黎明 | 5 | メッカ |
| 94 胸を広げて | 8 | メッカ | 114 人々 | 6 | メディナ |

「標準エジプト版」に従った。章名に関しては別名を持つ章もあり、日本語訳も訳者によって異なる場合がある。また節数、啓示の場所に関しても、研究者によって異なる見解が存在する。

し、ここで注意をしなければいけないのは、イスラームは、ユダヤ教・キリスト教とは別の神を崇拝しているのではなく、アッラーはユダヤ教・キリスト教の神でもある。要するに、ユダヤ教、キリスト教、イスラームは同じ神を信仰している。このことに関して、ユダヤ教、キリスト教、イスラームという宗教は3姉妹によく喩えられる。その場合、長女がユダヤ教、次女がキリスト教、末の妹がイスラームということになる。

## 天使（malak（マラク）、malā'ika（マラーイカ）（複数形））

ジブリールを含む天使とは、神と人間の間をとりもつ神のしもべである。天使は男か女かという質問が過去に受講者よりあったが、天使は男でも女で

第3節　ムスリムは何を信じるのか　　87

表 4-2　『クルアーン』に登場するイスラームの預言者たち（大川，2004）

| | | | |
|---|---|---|---|
| 1 | アーダム（アダム） | 14 | ズルキフル（エゼキエル**） |
| 2 | イドリース（エノク**） | 15 | ムーサー（モーセ） |
| 3 | ヌーフ（ノア） | 16 | ハールーン（アロン） |
| 4 | フード* | 17 | ダーウード（ダビデ） |
| 5 | サーリフ* | 18 | スライマーン（ソロモン） |
| 6 | イブラーヒーム（アブラハム） | 19 | イルヤース（エリヤ**） |
| 7 | ルート（ロト） | 20 | アルヤスウ（エリシャ**） |
| 8 | イスマーイール（イシュマエル） | 21 | ユーヌス（ヨナ） |
| 9 | イスハーク（イサク） | 22 | ザカリーヤー（ザカリヤ） |
| 10 | ヤアクーブ（ヤコブ） | 23 | ヤフヤー（ヨハネ） |
| 11 | ユースフ（ヨセフ） | 24 | イーサー（イエス） |
| 12 | シュアイブ* | 25 | ムハンマド* |
| 13 | アイユーブ（ヨブ） | | |

*聖書で言及されない者　**異説もある。

もなく、性別を超えた存在である。

### 使徒（rasūl（ラスール））

　上述のように、イスラームでは、ムハンマドは最後の預言者にして最後の使徒であるが、ムハンマド以外にも多くの使徒（or 預言者）がいるとされる。ちなみにイエスは、キリスト教では（父なる）神の1人子であり救世主であることになっているが、イスラームでは、アーダム（アダム）から始まりムハンマドで終わる一連の預言者の1人ということになっている（イスラームでは、最後から2番目の預言者がイーサー（イエス）である。表 4-2）。

### 啓典（kitāb（キターブ））

　イスラームにとって第1の啓典（聖典）は『クルアーン』であるが、決して『旧約聖書』『新約聖書』を啓典として認めていないわけではない。『旧約聖書』『新約聖書』はイスラームにとっても啓典である。しかし、イスラームでは、神からの最新の啓示は『クルアーン』に記されていることになっているので、イスラームが『クルアーン』を重視するのは当然のことである。このことを電話機に喩えると、ムスリムにとっては、『旧約聖書』は昔の黒

電話、『新約聖書』はガラケー（ガラパゴス携帯）、『クルアーン』は最新型のスマートフォンということになる。どれも電話機であることは同じだが、同じ使うなら最新型の方が良いということになる。

## 来世（ākhira（アーヒラ））

現世の後には来世が存在し、それは天国か地獄である。来世が天国になるか地獄になるかは最後の審判による。これはユダヤ教・キリスト教と共通の考え方である。そして、最後の審判の時には、「記録の書」がひもとかれ、それによって天国行きか地獄行きかが決定される。イスラームには、輪廻転生という考え方はないのかという質問を受講者から受けたことがあるが、イスラームにはそのような考え方は基本的に存在しない。

## 運命（dahr（ダフル）、qadar（カダル）、qaḍā'（カダー））

われわれ人間の運命は決まっており、それは「天の書」に書かれている。しかし、天国にある「天の書」をわれわれ人間が手にとって読むことはできないので、われわれは自分のこれからの運命を知ることはできない。ムスリムは、「天の書」には、自分の運命はこれから好転すると書かれていると信じて日々の暮らしを送っているのである。

## 第4節　ムスリムの信仰行為

次にムスリムの信仰行為について話を進めたい。信仰行為とは、その宗教を信仰する人がしなければならない宗教行為のことである。イスラームの信仰行為は5つあり、それを五行と呼んでいる。

## 信仰告白（shahāda（シャハーダ））

五行の第1番目は信仰告白である。信仰告白とは、イスラームに入信したい人は「私は告白します。アッラー以外に神はなし、ムハンマドはアッラーの使徒である」と2人のムスリムの前で唱えることになっている。もちろん

この言葉も『クルアーン』から来ている（前半の言葉は47章「ムハンマド」（第19節）、後半の言葉は48章「勝利」（第29節））。

### 47章「ムハンマド」（第19節）
アッラーのほかに神はないと知れ。

### 48章「勝利」（第29節）
ムハンマドはアッラーの使徒である。

## 礼拝（ṣalāt（サラート））

　五行の2番目は礼拝で、マッカに向かって一日5回礼拝することである。ただし、時間的に余裕のない人、職業上難しい人は、礼拝をしなくてもかまわない。また「集合の日」である金曜日には、モスク（礼拝堂）に集まり、集団で礼拝することが推奨されている。

## 喜捨（zakāt（ザカート））

　財産の中から一定の割合（金銀などの場合は、通常は2.5％）が義務的に徴収され、生活困窮者や巡礼者などに与えられることである。ただし、生活困窮者はこれを免除される。また自由喜捨（ṣadaqa（サダカ））も奨励されている。現在では中東の国々も近代化されている国が多いので、実際には義務的な喜捨は住民税に上乗せという形で徴収されるのが普通である。そのため、ムスリムでなくとも、たとえば仕事の関係で中東の国々に赴任して働くことになったら、義務的な喜捨を徴収されることになる（礼拝と喜捨に関しては、2章「牝牛」（110節）参照）。

### 2章「牝牛」（第110節）
また、礼拝を遵守し、浄財を払え。そしておまえたちがおまえたち自身のために前もって［現世で］なしておいた善行は、おまえたちはアッラーの身許にそれを見出そう。まことに、アッラーはおまえたちのなすこ

とを見通し給う御方。

## 断食（ṣawm（サウム））

断食は健康な成人の男女がラマダーン月（断食月）の日中に行うものである。日中は、飲食だけでなく性行為や喫煙も規制される。ただし、妊娠中や病気などの理由で断食のできない人はもちろんこれを免除される。逆に、日没後はご馳走を食べたり、友人とパーティをしたり、ショッピングを楽しんだりする習慣があるので、ムスリムにとっては楽しい時期でもあると、中東出身の留学生から聞いたことがある（断食に関しては、2章「牝牛」（第183節）参照）。

### 2章「牝牛」（第183節）

信仰する者たちよ、おまえたちには斎戒［断食のこと］が書き定められた、ちょうどおまえたち以前の者たちに課されたように。きっとおまえたちは畏れ身を守るだろう。

## 巡礼（ḥajj（ハッジ、ハッジュ））

五行の最後の巡礼とは、ズー・アル＝ヒッジャ月（巡礼月）にマッカに詣でることである。しかし、健康に問題のある人や金銭的に余裕のない人は、巡礼に行かなくてもよいとされている。巡礼の中心になるのは、カアバ神殿を中心にして左回りに7回回る儀式（タワーフ）である（巡礼に関しては、3章「イムラーン一家」（第95節-97節）を参照）。

### 3章「イムラーン一家」（第95節-97節）

言え。「アッラーは真実を語り給う。それゆえ、ひたむきなイブラヒーム［アブラハム］の宗旨に従え。そして彼は多神教徒たち［の一人］ではなかった。

まことに人々のために建立せられた最初の館［神殿のこと］はバッカ［マッカ］のもので、諸世界への祝福、導きとしてであった。

そこには明白な諸々の［神聖な］徴があり、［中略］そこに入った者は
安全である。そしてアッラーに対し人々には館［へ］の大巡礼が、その
道行が可能な者であれば課せられる。［中略］まことにアッラーは諸世
界を必要とせず自足し給うた御方」

## 第5節　シーア派とスンナ派

　シーア派誕生のいきさつは以下の通りである。第4代カリフ・アリーの亡
き後、3代目カリフ・ウスマーンによってシリア総督に任命されていた政治
家のムアーウィアは、ウマイア王朝（661-750）を創立し、勝手に自らカリ
フと称し、680年に他界する時には、カリフ職を長子のヤズィードに譲っ
た。ヤズィードは平気でイスラームの教えに反したことをする不道徳な人物
であったので、アリーの次子フサイン（フセイン）が、ヤズィードに対して
立ち上がった。しかし、少数の支持者を引き連れて、支持者が待つクーファ
という町に行く途中のカルバラーの地（バクダッドの南西約90 km）で、ヤズ
ィードの差し向けた軍隊によって殲滅されてしまった。これをクーファの悲
劇と言う（680年）。フサインを救えなかったクーファの町の人たちは、自分
たちの無力さを嘆き、アリーとその後継者を支持する「アリーの党派（Shīʻa
（シーア））」を形成していくこととなる。後に「アリーの」がとれてシーア
派と呼ばれるようになった。これがシーア派の出発点である。ムスリム全体
の1〜2割がシーア派であるが、イランやイラクという国では、逆に、人口
の8〜9割がシーア派である。

　それに対してスンナ（スンニー）派とは、字義的には「スンナ（Sunna（慣
行））とジャマーア（Jamāʻa（共同体））の民」という意味で、ムハンマドの
慣行と正統な共同体を護持する人びとを意味する。したがって、日本語では
「派」と訳すが、本来は宗派や分派を意味するものではなく、シーア派など
の初期におけるイスラームの分派以外の多数のムスリムたちを指す言葉であ
る。実は、シーア派の人たちは、自分たちがシーア派という宗派に属してい
るという自覚はあるが、スンナ派の人たちには、自分たちが何か特定の宗派

に属しているという自覚はほとんど存在しない。

　また、イラクという国とその周辺の地域で、シーア派とスンナ派の対立ということが先進国のメディアで報道されることがあるが、このことに関しては、「イスラーム世界をめぐる報道でよく「スンナ派とシーア派の対立」といった言説が見られる。だが、もともと宗教的に対立していたわけではない。［中略］近年対立が表面化したのは、2011年にアメリカがイラクから撤退するときに、シーア派だけで政権をつくったためである。このためサダム・フセイン政権で主流を占めていたスンナ派がはじき飛ばされ、にわかに宗派の対立として浮上した経緯がある。しかし、その内実は宗派対立というより主流・反主流の権力争いであり、歴史的にもその対立を煽ってきたのはアメリカや西洋列強だったというのが真相のようである」（正木編，2015）ということをつけ加えておきたい。2003年にイラク側が大量破壊兵器を保有しているとの口実で、アメリカ軍を主体とする有志連合が同国に軍事介入し、フセイン政権は打倒され、イラク暫定政権が樹立された。しかし同国内の治安は悪化し、非常に混乱した状態になった。これは暫定政権を樹立するときに、フセイン政権がスンナ派であったので、暫定政権をシーア派のみで構成するなど、アメリカの戦後処理のまずさに主たる原因があると言えよう。なお、本章の冒頭で言及したイスラム国は、もともとフセイン政権の残党による、アメリカに復讐するためのテロ組織であったが、イスラム国の出現もアメリカの戦後処理のまずさが大きな要因となっている。

## 第6節　イスラーム法について

　イスラームでは、法というものは人間が勝手に制定したものではなく、アッラーが人間に付与したものであり、ウンマ（umma、イスラーム共同体）はイスラーム法（sharī'a、シャリーア）によって統治されるべきものとされる。中東の国々は西欧の植民地であった国が多く、それらの国々では植民地時代に欧米型の法体系が導入されているが、通常はイスラーム法と欧米型の法体系が矛盾しないように工夫されている。

第6節　イスラーム法について　　93

## イスラーム法の主要法源

　イスラーム法の法源（法の出所・根拠）であるが、このことに関しては、スンナ（スンニー）派とシーア派では若干違っている。まず、スンナ派の場合は、

・『クルアーン』
　『クルアーン』はイスラームの最も中心的な啓典（聖典）なので、これが最初に来るのは当然である。
・スンナ（sunna、慣行、習慣）
　スンナとは、ムハンマドが日常行っていたことや折にふれ決定したことなどを意味する。これをイスラームでは、ハディース（hadīth）（「預言者ムハンマドの言行に関する記録」）と呼び、これを集成したものの最高峰とされるものが、ブハーリー（Bukhārī 810-870）という人物による『真正集』である。
・イジュマー（ijmāʻ、合意、コンセンサス）
　イジュマーとは、古くはウンマ全体の合意を意味したが、後には、ほぼウラマー（ʻulamāʼ、イスラーム諸学を修めた知識人）の合意を意味するようになった。
・キヤース（qiyās、類推）
　キヤースとは類推の意味である。たとえばヤシ酒やブドウ酒を禁じる規定はすでにあるが、新たに日本から日本酒が持ち込まれたときに、それを飲んでも良いかどうかをこれまでの規定から類推することである。

　次に、シーア派の場合であるが、

・『クルアーン』
・スンナ
　シーア派のスンナは、スンナ派とは少し意味が違っていて、ムハンマ

ドが日常行っていたことや折にふれ決定したことだけでなく、歴代の
イマーム（imām、イスラームの宗教指導者）の言行、慣行、黙認事項
を含むとされる。
・イジュマー
イジュマーとは、シーア派の場合、イマームの見解を含むイスラーム
法学者の見解の一致を意味する。
・アクル（ʻaql、理性）
シーア派の場合、法源の最後は神が人間に与えた理性である。

## イスラーム法における行動基準

　イスラーム法における行動基準であるが、これに関しては、スンナ（スン
ニー）派とシーア派で基本的に違いはない。

### 1）義務行為（wājib、ワージブ）

　神が命令した行いであり、これを怠ると最後の審判の時に神から罰せられ
る。たとえば1日5回の礼拝、一定額の喜捨、一生に1度の巡礼などがこれ
に入る。

### 2）推奨される行為（mandūb、マンドゥーブ）

　行うことが好ましいが、しなくても罰せられない行為のことで、たとえば
義務礼拝以上の礼拝、任意の喜捨、クルアーン朗誦などがこれに分類され
る。

### 3）許容される行為（mubāḥ、ムバーフ）

　1、2、4、5以外の行為、すなわち、日常生活の大部分の行為がこれに分
類される。

## 4）忌避される行為（makrūh、マクルーフ）

　罪にならないがしない方がよい行為で、喫煙、左手を用いて食事をすることなどである。ちなみに、中東の国々では左手は不浄な手とされている。なぜなら、かの国々ではトイレットペーパーを使用する習慣がなく、トイレの後は左手を使用して肛門の処理をするからである。

## 5）禁止行為（ḥarām、ハラーム）

　神が禁じた行為であり、これを行うと罪になるとされる。殺人、偶像崇拝、飲酒、豚肉を食べることなどがこれである。ちなみに、イスラームという宗教が誕生する以前から、アラビア半島やその周辺の地域では豚肉を食べる習慣がほとんどなく、ユダヤ教などの人も豚肉はほとんど食べない。イスラームはそれを追認しているだけとも言えるであろう。

　また殺人に関しては、イスラームは最低限の復讐の権利を認めている。アラビア半島は「目には目を、歯には歯を」というハムラビ法典発祥の地なので、これを認めないと人々からイスラームの教えが拒否されることになりかねない。ただし、21世紀の現在では、たとえば自動車を運転していて死亡事故を起こしてしまった場合でも、双方の家族や部族などが話し合って、金銭で示談をすることがふつうになっている（豚肉と酒に関しては、2章「牝牛」（第172節-173節、第219節）などを参照。殺人に関しては、17章「夜行（夜の旅）」（第33節）と2章「牝牛」（第178節）を参照）。

### 2章「牝牛」（第172節-173節）

　信じる者たちよ、われらがおまえたちに糧として与えた良いものから食べ、アッラーに感謝せよ、もしおまえたちが彼にこそ仕えるのであれば。

　［アッラーは］おまえたちに死肉、血、豚肉、そしてアッラー以外の名を唱えられ［屠殺され］たものだけを禁じ給うた。ただし、反逆者でなく、無法者でなく［わざと神命に背くのではなく］余儀なく［食べ］さ［せら］れた者には罪はない。まことにアッラーはよく赦し給う慈悲深

い御方。

### 2章「牝牛」（第219節）

彼らは酒と賭け矢についておまえに問う。言え、「その二つには大きな罪と人々への益があるが、両者の罪は両者の益より大きい。

### 17章「夜行（夜の旅）」（第33節）

アッラーが［不可侵として］禁じ給うた命は正当な理由によるほか殺してはならない。不当に殺された者、われらはその後見［相続人］に［最低限の復讐の］権能を与えた。それゆえ、殺害においては度を超してはならない。

### 2章「牝牛」（第178節）

信じる者たちよ、おまえたちには殺された者について、同害報復［キサース］が書き定められた。自由人によっては自由人、奴隷によっては奴隷、女性によっては女性である。ただし、彼［被害者］の兄弟から何らかの許しを得た者［に関しては被害者の兄弟は］良識ある対応を続けること、そして［加害者は］彼［被害者］に至誠をもって［償いを］履行すること。それはおまえたちの主からの［復讐の］軽減であり、慈悲である。それゆえその後に法を越えた者［度を超えた復讐をおこなった者］には痛苦の懲罰がある。

　余談であるが、新型コロナウィルスめぐる混乱が一応収束に向かい、日本への外国人観光客の数が再び増加していることで、今後は日本を訪れるムスリム相手の観光ビジネスが再び重要となってくると思われる。また、最近では、日本の有名大学に留学するムスリムの学生が増加しており、それらの大学のなか中には、学生食堂でハラ（ー）ル対応のメニューを提供している大学も存在する。ハラ（ー）ル（halāl）とはアラビア語で「合法」の意味で、イスラーム法で行って良いことや食べることが許されている食材や料理

第6節　イスラーム法について　　　　　　　　　　97

## ハラルメニューの提供について

○ English

海外からの留学生が今後ますます増えていきますが、大学生協は大学の国際交流にも貢献したいと考えています。

留学生の中には、文化・宗教の違いから日本の学生と同じ食事をとれない方もいらっしゃいます。その方たちにも食堂で日本の学生と同様に食事を楽しんでいただきたい、という思いからハラルメニューの提供をはじめました。（イスラム教の教義上「許されていること」の総称を「ハラル」といいます。）

ハラルの基準は宗派・地域によって違うため、各食堂を利用する組合員が特定されており、その方たちとの密接なつながりをつくることができる大学生協だからこそ行える取り組みです。まだ全国の大学での提供が実現しているわけではありませんが、提供している大学では「学食で友達と食事ができてうれしい！」という留学生の声をたくさんいただいています。これらの声を共有しながら、全国の大学生協へこの取り組みを広めたいと考えています。

◉ 留学生組合員のため、大学と協議してハラル提供を始めました！

注文の様子　　　　　　　　　　　　　　提供の様子

宮崎大学生協では、先行して書籍購買店食品コーナーでハラルの食品の取り扱いを開始しており、それをきっかけに宮崎大学ムスリムコミュニティ代表の留学生より、「嘆願書：学内食堂でのハラル食品提供のお願い」をいただきました。

留学生から、調理工程でのハラルとハラムの区別ルールを聞き取り、今の食堂厨房の環境で取り組めそうだったレトルトのハラルカレーと、ハラル認証をうけた焼き立てパンの提供をすることにしました。ハラルカレーはもともと登録があったメニューを使い運用をはじめました。

### ハラルフードを大学生協でご提供している食堂

- 北海道大学生協
- 北見工業大学生協
- 秋田大学生協
- 東北大学生協
- 芝浦工業大学生協
- 東京工業大学生協
- 横浜国立大学生協
- 東京工芸大学生協
- 東京大学生協
- 埼玉大学生協
- 一橋大学生協
- 電気通信大学生協
- 宇都宮大学生協
- 名古屋大学生協
- 名古屋工業大生協
- 岐阜大学生協
- 金沢大学生協
- 京都大学生協
- 立命館生協
- 京都工芸繊維大学生協
- 奈良女子大学生協
- 大阪大学生協
- 和歌山大学生協
- 神戸大学生協
- 岡山大学生協
- 広島大学生協
- 山口大学生協
- 鳥取大学生協
- 島根大学生協
- 香川大学生協
- 愛媛大学生協
- 九州大学生協
- 熊本大学生協
- 長崎大学生協
- 宮崎大学生協

（2024年度大学生協調べ）

図4-2　学生食堂でのハラル対応のメニューを提供している大学（全国大学生活協同組合連合会ウェブサイト）

のことである（図4-2）。

## 第7節　パレスチナ問題について

　パレスチナ問題の主たる発端は、1948年のイスラエル共和国建国時に居
住地を奪われた人々が難民化したことであるが、この問題が解決しない限り
中東からテロが消えてなくなることはない。イスラエル共和国は、主として
ヨーロッパに住んでいたユダヤ人たちがもともとパレスチナに住んでいた人
たちを追い払う形で建国された国である。基本的に、それまでのパレスチナ
はさまざまな宗教やバックグラウンドを持った人たちが平和に共存しながら
暮らしていた。その状況を一変させたのがイスラエル共和国建国であった。
したがってパレスチナ難民とは、イスラエル共和国建国によって居住地を追
われ、周辺国に逃れた人とその子孫たちのことである。当初は約70万人だ
ったパレスチナ難民の数は、国連パレスチナ難民救済事業機関（UNRWA）
によると、2024年には約597万人である。その内訳は、ガザ地区に約159
万人、ヨルダン川西岸に約91万人が住み、ヨルダンには約240万人、他は
中東各国に分散して住んでいるとされている。彼らの宗教は主としてイスラ
ームだが、キリスト教徒も含まれている（約7％）。そして、難民の数は現在
も増加していて、彼らの中には難民化する前に住んでいた家の鍵を代々受け
つぎ、いつかはパレスチナの故郷に帰ることを夢見ている人たちも存在す
る。

　パレスチナ問題の主要原因としては、次の3つがあげられる。

> 1) ナチスドイツのユダヤ人弾圧
> 2) イギリスの三枚舌外交
> 3) シオニズム運動

　まず、1）のナチスドイツのユダヤ人弾圧だが、ご存じのように、第二次
世界大戦中にナチスは約600万人のユダヤ人を虐殺した。そして、主として

第7節　パレスチナ問題について　　　99

---

外務省
1917 年 11 月 2 日

親愛なるロスチャイルド卿

私は、英国政府に代わり、以下のユダヤ人のシオニスト運動に共感する宣言
が内閣に提案され、そして承認されたことを、喜びをもって貴殿に伝えま
す。

「英国政府は、ユダヤ人がパレスチナの地に国民的郷土を樹立することにつ
き好意をもって見ることとし、その目的の達成のために最大限の努力を払う
ものとする。ただし、これは、パレスチナに在住する非ユダヤ人の市民権、
宗教的権利、及び他の諸国に住むユダヤ人が享受している諸権利と政治的地
位を、害するものではないことが明白に了解されるものとする。」

貴殿によって、この宣言をシオニスト連盟にお伝えいただければ、有り難く
思います。

敬具
アーサー・ジェームズ・バルフォア

---

図 4-3　バルフォア宣言（Wikipedia より）

ヨーロッパに住んでいて、運良くナチスの弾圧を生き延びたユダヤ人たちの
多くは、自分たちの新しい国ができると聞いて、第二次世界大戦後にパレス
チナの地を目指した。彼らのために迅速に入植地を確保する必要があったの
で、もともとそこに住んでいた人たちを追い払う形で、ユダヤ人たちのため
の入植地が確保されていった。

　次に、2）のイギリスの三枚舌外交だが、これが3つの主要原因の中で最
も大きな原因であると考えられる。イギリスは第一次世界大戦中の 1915 年
にアラブ側とフセイン・マクマホン協定という秘密協定を結び、アラブ人に
よる独立国家設立を約束した。一方、イギリスの三枚舌外交のさらなる一端
が「バルフォア宣言」である（図 4-3）。「バルフォア宣言」とは、当時イギ
リスの外務大臣だったアーサー・ジェイムズ・バルフォア（Balfour, Arthur
James 1848-1930）が、第一次世界大戦中だった 1917 年の 11 月に、第 2 代ロ

スチャイルド家当主であったライオネル・ウォルター・ロスチャイルド（Rothschild, Lionel Walter 1868-1937）に対して送った書簡（手紙のこと）である。この書簡では、イギリス政府がパレスチナの地にユダヤ人たちが自分たちの民族的郷土を設立することを認めている。また、イギリスはロシアやフランスともアラブ人地域の分割に関して密約を結んだ。この密約はフセイン・マクマホン協定と「バルフォア宣言」に矛盾するものであった。

　このようにして、イギリスはパレスチナの地をアラブ人側とユダヤ人側の両方に約束した。このようなことをすれば後でトラブルが生じることは確実であったが、なぜ当時のイギリス政府がユダヤ人たちにパレスチナにおける民族的郷土の建設を約束したかと言えば、端的に言って経済的援助が欲しかったからである。当時は（アメリカではなく）まだイギリスが世界一の超大国であったが、この頃になると、さすがに国力が落ちてきてこれ以上第一世界大戦を続ける戦費がなくなってきた。そこで、ユダヤ人たちが喜ぶことを約束して、ユダヤ系の財閥から経済的援助を引き出すことに成功したというのが実情である。したがって、パレスチナ問題の根本原因は、第一次世界大戦中にイギリスが作ったと言っても過言ではない。第一次世界大戦後、パレスチナの地はイギリスの委任統治領となり、実質的にはイギリスの植民地となった。そして、第二次世界大戦後の国際連合総会でのパレスチナ分割案採択を受けて、1948年にイスラエル共和国による建国宣言がなされることになった。

　3）のシオニズム運動とは、19世紀の終わり頃から高まってきた、ユダヤ人の民族国家をこの地球上に再建しようという運動のことである（紀元2世紀にローマ帝国によってユダヤ人の国は地球上から姿を消し、ユダヤ人たちはヨーロッパを中心とする世界各国に移住して離散することになった）。このシオニズム運動のリーダーだったテオドール・ヘルツル（Herzl, Theodor 1860-1904）の著書『ユダヤ人国家』では、自分たちユダヤ人の国家をどこに再建するかについて、アルゼンチン案とパレスチナ案の2つがあり、ヘルツル自身はどちらがよいのかを決めかねていた。しかし、「バルフォア宣言」で、イギリス政府がパレスチナの地にユダヤ人たちの民族的郷土の設立を認めた

ために、パレスチナの地に自分たちの国家を再建しようという形でシオニズム運動が勢いづくことになった。このように、パレスチナ問題とは、根本的には土地争いであり、宗教が違うから争っているのではない。

### テオドール・ヘルツル著『ユダヤ人国家』より

パレスチナとアルゼンチンのいずれを選ぶべきであろうか。［中略］

アルゼンチンは地球上で最も自然に恵まれた国の一つであり、広大な平野を有し、人口が希薄であり、穏やかな気候に恵まれている。アルゼンチン共和国は、我々に領土の一部を割譲することにきわめて大きな関心を示すであろう。［中略］

パレスチナは我々の忘れられぬ歴史的故国である。この名を唱えることは我々の民族にとっては、それだけで激しく人びとを感動させる集合命令となろう。

(ヘルツル，1991)

このパレスチナ問題の解決方法であるが、少しでも中東問題に詳しい人ならば、ユダヤ人たちだけに独立国家の設立を認めて、パレスチナ側にそれを認めないというのはあまりにも一方的すぎるので、パレスチナ側にも独立国家の設立を認めることしかないということが分かっている。現在では、パレスチナ自治区が存在するガザ地区とヨルダン川西岸地区に自治政府が存在するが、両地区は世界で最も人口密度が高いところの１つであると言われている。したがって、もし独立国家を設立するのなら、その２つの地区を広げる形で設立される可能性が高い。パレスチナ人たちは非常に人口密度が高い状態で暮らしているので、もし独立国家が現実のものとなれば、自分たちの国家の領土をもっと広げたいという欲求や行動が際限なくエスカレートしていき、それがイスラエル共和国の領土を縮小することにつながり、最終的には、イスラエルという国家の存立が危うくなることになりかねないとイスラエル政府は危惧している。それゆえに、イスラエル政府としてはパレスチナ人たちによる独立国家設立はなんとしても阻止せねばならず、そのためにさ

まざまなことを行っている。たとえば2008年から2014年まで、ほぼ2年おきにイスラエル軍によってガザ地区に対して激しい軍事攻撃が行われ、多数の市民が犠牲になり、街は激しく破壊された。その後もイスラエルによる厳しい軍事封鎖が続いている。2024年10月には、2007年よりガザ地区を実効支配しているハマ（ー）ス（イスラーム抵抗運動）の戦闘員が、突然イスラエルに大規模な攻撃をおこない、イスラエルの市民約1200人を殺害し、251人を人質にした。一般市民を殺害したり人質にしたりする行為は大いに非難されてしかるべきであるが、このような出来事もイスラエル側がガザ地区を激しく攻撃し、軍事封鎖してきたことの延長線上に起きていることも指摘しておかねばならない。なお、これまではイスラエル側とパレスチナ側の間の紛争が激しくなったときに、しばしばアメリカが公正中立な調停者のふりをして調停に乗りだすが、アメリカは決して中立な調停者ではない（公正中立なふりをして、実はイスラエル側の肩を持っている）ということが、この問題の解決をさらに困難にしているということもつけ加えておきたい。

　通常、紛争とはいくつかの要因がからんで生じるもので、単に隣にいる人と宗教が違うという理由だけで紛争が生じることはない。何か紛争が生じているならば、そこにはそれ相応の要因が存在するのが普通である。パレスチナ問題とは、上述のように根本的には土地争いだが、このことが問題の解決を困難にしていると言えるであろう。なぜなら、パレスチナの地をもう1つ別にこの地球上に作って、それをもう一方の当事者（この場合はパレスチナ難民たち）に与えるということができないからである。

# 第5章　儒教について

## 第1節　儒教の宗教性について

　儒教は中国で誕生した自然宗教の一種である。儒教はもっぱら礼教性について説いており、宗教ではないとの通説がいぜんとして流布しているようである。しかし、儒教の根底にある宗教性に焦点をあてるのなら、それは間違っていると言えるであろう。この章では、まず、儒教の宗教的性格に着目したものとして、中国哲学の専門家である山下龍二（1924-2011）の学説を紹介したい（山下，1991）。山下によれば、儒教の宗教性を否定する論拠としてしばしば引き合いに出されるのが、『論語』「雍也篇」の

　　樊遅、知を問う。子の曰く、民の義を務め、鬼神を敬してこれを遠ざく、知と謂うべし。
　　（樊遅［孔子（552/551-479B.C.）の弟子の1人］が智のことをおたずねすると、先生［孔子のこと］はいわれた、「人としての正しい道をはげみ、神霊には大切にしながら遠ざかっている、それが智といえることだ」）
　　　　　　　　（書き下し文と現代語訳は、金谷訳注，1999による。以下同じ）

と「先進篇」の

　　季路、鬼神に事えんことを問う。子の曰く、未だ人に事うること能わ

ず、焉んぞ能く鬼に事えん。曰く敢えて死を問う。曰わく、未だ生を知らず、焉んぞ死を知らん。

（季路［同じく孔子の弟子の１人］が神霊に仕えることをおたずねした。先生はいわれた、「人に仕えることもできないのに、どうして神霊に仕えられよう」「恐れ入りますが、死のことをおたずねします」というと、「生もわからないのに、どうして死がわかろう」）

である。

前者に関しては、山下は後漢の包咸や梁の皇侃などの『論語』の註釈家による見解に依拠して、鬼神を敬することと遠ざけることは何ら矛盾するものではなく、鬼神に近づくことはむしろ鬼神をけがすことであり、したがって、みだりに鬼神に近づくことは許されず、神聖なものに対しては常に距離をおくのが古来からの礼であり、鬼神を深く敬するからこそ距離をおくのだと解さねばならないと述べている。

また後者に関しては、質問者が季路（子路）であることに注目すべきであるとする。季路は礼を知らぬ向こう見ずな勇者であり、鬼神や死などの宗教的な問題には深い関心を持たない人物であった。孔子はそのような、単なる好奇心から発せられた質問に対して、「人に事うる」、すなわち君父長上に仕え、民をうまく治めることに努めないで、いたずらに鬼神を祭って福をえようとする態度、そして、よりよき生を目指さないで死後のことなどを議論する態度を戒めたのだと指摘している。それゆえにこの箇所も決して孔子が鬼神信仰を否定していると解されてはならないとされる。

その上で山下は、『論語』の宗教性に否定的な朱子学などの色眼鏡を外して『論語』を虚心坦懐に読めば、『論語』にはむしろ宗教的要素を多く見出すことができるとして、儒教の宗教的性格は天への信仰と鬼神（祖先の霊）崇拝に要約することができ、それは孝の倫理と一体となっていると結論づけている。

## 第2節　儒教における魂と魄

　では、そのような儒教の宗教的性格の内実を中国哲学史の専門家である加地伸行（1936-）の所説にしたがってよりくわしく見てみたい（加地, 2011）。加地によれば、中国人は、インド文化圏の仏教などと異なり、この世を苦と考えず、楽しいところと見て、五感（五官）の歓び（美しい物を目で見て楽しみ、心地よい音を聴いて楽しみ、気持ちのよい物に触れて楽しみ、おいしい物を食べて楽しむなど）を大切にする。それは、インド文化圏で誕生した仏教が五感の楽しみなど夢幻であると考えるのとは対照的である。『論語』でも、「楽しみ」や「楽しむ」などの言葉が散見される。五感の歓びを大切にするということは、一般の人々にとって日常生活の歓びを大切にするということでもある。

---

**『論語』で「楽しみ」や「楽しむ」などの言葉が使用されている例**

子曰わく、[中略] 朋あり遠方より来る、亦た楽しからずや。
（先生 [孔子] がいわれた、「[中略] だれか友だちが遠い所からもたずねてくる、いかにも楽しいことだね」）

（学而一）

子の曰わく、これを知る者はこれを好む者に如かず。これを好む者はこれを楽しむ者に如かず。
（先生がいわれた、「知っているというのは好むのには及ばない。好むというのは楽しむのには及ばない」）

（雍也二十）

子の曰く、知者は水を楽しみ、仁者は山を楽しむ。
（先生がいわれた、「智の人は [流動的だから] 水を楽しみ、仁の人は [安ら

かにゆったりしているから］山を楽しむ」）

(雍也二三)

子の曰く、疏飯を飯い水を飲み、肱を曲げてこれを枕とす。楽しみ亦た其の中にあり。

（先生がいわれた、「粗末な飯を食べて水を飲み、うでをまげてそれを枕にする。楽しみはやはりそこにもあるものだ」）

(述而一五)

葉公、孔子を子路に問う。子路對えず。子の曰わく、女奚ぞ曰わざる、其の人と爲りや、憤を発して食を忘れ、楽しみて以て憂を忘れ、老いの将に至らんとするを知らざるのみ。

（葉公［楚の国の葉県の長官］が孔子のことを子路にたずねたが、子路は答えなかった。先生がいわれた、「お前はどうしていわなかったのだ。その人となりは、［学問に］発憤しては食事も忘れ、［道を］楽しんでは心配事も忘れ、やがて老いがやってくることにも気づかずにいるというように」）

(述而一八)

　しかし、死は必ず訪れる。漠然とした死の不安は、重い病気にでもなると恐怖に変わる。当然、人はこの不安や恐怖を和らげてくれるような説明を求めることとなる。それは万国共通である。しかも、それを説明してくれる者も万国共通である。すなわち、宗教者が死ならびに死後のことを説明する。加地によれば、宗教とは「死ならびに死後の説明」であるとされる。ただし、その説明の仕方は、各民族・各地域によって違う、あるいは各民族・各地域にふさわしい説明の仕方がおこなわれる。だからこそ、各民族・各地域において、それぞれの説明の仕方が支持されることになる。

　五感の歓びを大切にし、現実的・即物的・具体的な性格の中国人の場合にも、そうした民族の性格にふさわしい説明をする宗教者が登場することにな

る。その宗教者は儒と呼ばれていた。儒の歴史は古く、おそらく中国の有史以前から存在したであろう。儒たちは、人間は精神と肉体とからなり立っているとして、精神を主催するものを魂、肉体を支配するものを魄と呼んだ。これらは、人間が生きている時には共存して蔵まっているが、死ぬと分裂し、魂は天へ浮遊し、魄は地下へ行く。ただし、地下といっても無限に深いところではなく、人間が関わることができる範囲の深いところへ行くと彼らは考えた。魄とは、イメージからするなら白骨である。中国人はどこまでも即物的、具体的に物を考える民族であるから、魄とはもともと白骨化した遺体からイメージしたものであろう。

　ところで、遺体が一番白骨化するのが早いのが野ざらしである。古代の中国では野ざらしは普通であった。しかし野ざらしにすると犬などが遺体の一部をくわえてどこかへ持っていってしまう恐れがあるし、遺族としては遺体を粗末にしているようで、心情的にしのびない。そこで少し時代が下ると土をかぶせて遺骨が散逸しないようにした。すなわち墓（盛土をしないで遺体をうめるだけのもの）や墳（盛土をしたもの）がつくられるようになった。ではなぜ、インドのように死体を焼いてガンジス川に流したりしないかと言えば、それは重要な宗教儀式ができなくなるからである。その宗教儀式とは招魂儀礼（厳密に言えば、招魂復魄）である。儒たちは死んで分かれた魂と魄を再び結びつけることによって死者がこの世に再生できると考えた。その時の尸（魂と魄がよりつくもの）となるのが、遺骨、特に頭蓋骨である。なぜならそこに心が宿ると考えられていたからである。この尸に呼び出した魂と魄がよりつくのである。その儀式をとりおこなうのが儒である。

　儒とはもともと一種のシャーマンであった。儒が死者の頭蓋骨をかぶって、神憑り状態になり、狂乱状態で死者の言葉を語る。遺族は、本当に死者に再会できたと思って心を慰められる。逆に死にいく者の立場からすれば、自分の子孫が招魂復魄の儀式を行ってくれれば、自分は一時的にせよこの世に再生できることになる。日本人が遺骨を大切にする理由もここにある。おもしろいことに、本来、キリスト教には招魂復魄は無縁であるはずだが、日本ではキリスト教の教会にすら納骨堂が存在する。ちなみに、シャーマンを

中心とする原始的な宗教のあり方をシャーマニズムという。宗教人類学者の佐々木宏幹（1930-2024）によれば、シャーマニズムとは「通常トランスのような異常心理状態において、超自然的存在（神、精霊、死霊など）と直接接触・交流し、この過程で予言、託宣、卜占、治病行為などの役割をはたす人物（シャーマン）を中心とする呪術―宗教形態である」とされる（佐々木，1980）。「トランス」とは、日常の意識とは違う変性意識の状態になることである。託宣とは神や精霊（草木や動物などに宿る超自然的な力）などの言葉を伝えることであり、卜占とは占いのことである。また、呪術とは神や精霊などの超自然的な存在に働きかけ、さまざまざまな願望をかなえようとすることである。したがって、佐々木の定義によれば、シャーマニズムとは、神かがり状態のような日常とは違う意識状態で、物質的世界を超えた存在である神や精霊や死者の魂などと直接に接触して交流して働きかけ、そのプロセスで予言や託宣、さらには占いや病気なおしなどをする人物（シャーマン）を中心とする原始的な宗教のあり方であることになる。

## 第3節　中国と日本における仏教と儒教の関係

　この尸であるが、死者の頭蓋骨をそのまま使うのは気持ちが悪いので、時代が下ると、頭蓋骨の代わりに木製の神主を尸として使用することとなった（図5-1）。これが仏教の位牌の原型である。中国は儒教社会であったので、仏教は中国で布教するために祖先祭祀を認めた。具体的には

・神主を建て、招魂するシャーマニズムを認めること。すなわち神主をまねて位牌を作った。
・墓を作り、遺骨を拝むことを何らかの形で認めること
・儒教式葬礼（喪礼）を取り入れた葬儀を行うこと

　輪廻転生の論理から言えば、仏教にはお墓は必要ではないし、祖先祭祀をする必要もない。したがって、祖先祭祀の出発点となる葬儀の必要もないは

第3節　中国と日本における仏教と儒教の関係

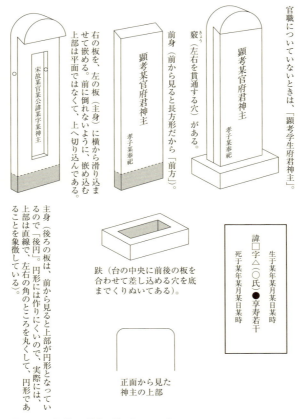

図5-1　儒教の神主（加地，2011）

ずである。チベットやタイなどへ行けば今だにそうである。しかし、以上の3点がなければ、東北アジアの人々を納得させることは不可能であった（加地，2011）。神主を安置した建物が宗廟（近世では、祠堂）である。しかし、身分の低い者はそのような別棟の建物を持つことができないので、神主のために一室を当て、室内に祠壇を作って安置場所とした。これをモデルとして仏教の仏壇が作られた。仏壇の前でおつとめの前にチーンとリン（鈴・輪）を鳴らす。これは魂と魄を位牌に呼びよせるためである。蠟燭に火をつけるのは、魂と魄のくる道を照らす照明を意味している。線香に灯をともすの

は、儒教の招魂儀礼では上香と言われていたものの名残であって、香りの出る物を燃やして香りによって魂と魄を誘うためである。ちなみに、仏教の三回忌も儒教から来た習慣である。数えで3年、すなわち25ヶ月は、土葬した遺体が完全に白骨化するための期間である。これを儒教では服喪期間としていた（加地，2011）。

## 第4節　生命の連続の自覚としての孝

　上述のように、中国人は、この世を五感いっぱいに生き、楽しいと思っているがゆえに死を不安に思う。そうした恐怖している心に対して、儒たちは招魂復魄の儀式によって懐かしいこの世に再びもどってくることができるという、死後の慰霊を教えたのであった。そういう死生観と結びついてできた観念が「孝」である。具体的には

1）祖先祭祀をすること
2）子孫一族が続くこと、あるいは一族を続けること
3）現実の家庭において子が親を愛し、かつ敬うこと

この3つをあわせて孝と言う。通常、孝と言えば3）を指すが、それは不十分な解釈である。もし宗教が「死ならびに死後の説明」であるならば、自分というやがて滅び行く存在と永遠の接点がなければならない。しかし、中国人は、現実的・即物的にものを考えるので、あまり高尚なことを言われても納得できない。そこで儒教ではどう考えたかと言えば、自分という個人は、先祖があったからこそ今ここに存在している。今ここにいるのはご先祖様のお陰、だから先祖祭祀をする。そして自分もいつかは死ぬが、子孫がいれば自分の血筋は末代まで受けつがれていく。現代の生物学的に言えば、自分の遺伝子は受けつがれていく。自分の遺伝子は、百年前にも千年前にも一万年前にも存在したし、子孫が続いていくとすれば、百年後も千年後も一万年後も自分の遺伝子が続いていくことになる。しかも子孫が自分を祀ってくれれ

ば、自分はこの世へと一時的にせよ再生できる。儒教では、生命の永遠性という形で、永遠との接点を見いだす。そのことによって死への恐怖や不安を和らげるのである（加地，2011）。

## 第5節　儒教における孔子の歴史的位置

　孔子は今述べた「孝」の立場を初めて理論化した人であり、孔子以前の儒教を原儒の時代、孔子以降は儒教成立の時代と見なすことができる。原儒の時代は儒、すなわち巫祝とも呼ばれるシャーマンたちが、古来から続いてきた招魂復魄ための宗教儀式をただ受けつぐだけであった。だが、時代が下ってくると、小人儒（従来のシャーマニズムとしての儒）と師儒と呼ばれる君主儒が分裂する。師儒は知識階級に属し、多くは王朝内部の宗教的儀礼（内祭）担当者となり、「史」と呼ばれた。孔子はその時代の君主儒の代表であり、従来の儒に潜在的な形で含まれていた生命論を「孝」としておさえて体系化した。このことに関して、加地は次のように述べている。

　　孔子は死の実感を通じて、孝の生命論を自覚した、と私は考える。ここが重要である。孔子が自覚したこと、ここが重要である。孔子以前に、当然、すぐれた儒者が何人もいたことであろう。しかし、古来から続いていた祖先祭祀・親への愛・子孫継嗣といった行為をただ受けつぐだけであったろう。しかし、それを孔子が根源的に自覚し、その自覚の上に立って理論化し体系化したとき、はじめて儒教が思想として歴史の上に残ることとなった。

（加地，2015）

　そして、孔子は孝を土台として、その上に礼教性の基本として「仁」をおいた。仁とは、もともとは人にこびへつらうことであったが、孔子によって積極的な他人への愛、他人に対してつくす愛へと意味を変えられた。ただし、儒教の愛とはあくまで別愛あって、愛情は親しさの度合いに比例する。

一番強く愛するのは親である。次に家族、親族、親友の順となる。

　以上、儒教の根底にある宗教性を中心に述べてきた。新型コロナウィルスの蔓延などにより、最近では家族葬というお葬式のスタイルが広がりを見せている。また、散骨とか自然葬なども少しずつではあるが普及してきている。しかし、まだまだ日本人の遺骨に対するこだわりは強いと言えよう。

# 第6章　神道について

　神道は日本固有の自然宗教である。神道の講義に入る前に、神道という宗教がどんな宗教であるかを手短に述べると、神道は3ない宗教であると言われる。まず、仏教やキリスト教などには細かい教義があるが、神道にはもともと教義がなかった。そのため神道は言挙げしない宗教（理屈をこねない宗教）であるとよく言われる。次に、神道には聖典も存在しなかった。さらには、信者が守るべき決まり事（たとえばイスラームのように、豚肉を食べてはいけないなど）もほとんど存在しない。ということで、神道は、非常におおらかな宗教であると言えるであろう。

## 第1節　「神道」という言葉の起源

　神道という宗教は、実体としては弥生時代から存在したのではないかと言われているが、「神道」という宗教名が最初に使用されたのは、720年に成立した『日本書紀』という書物においてである。同書の「用明天皇即位前紀」において、「信仏法尊神道」という記述が、また、「孝徳天皇即位前紀」においては、「尊仏法軽神道」という記述が見られる。「信仏法尊神道」は、「[用明天皇は] 仏法を信けたまひ、神道を尊びたまふ」と読み、「[用明天皇は] 仏法を信じられて、神道を尊重された」という意味である。また、「尊仏法軽神道」は「[孝徳天皇は] 仏法を尊び、神道を軽りたまふ」と読み、「[孝徳天皇は] 仏法を尊重し、神道を軽んじられた」という意味である。ここで注意をしなければいけないのは、仏法とは仏教のことだが、仏教はもと

もとインド起源の外来の宗教である。外来の宗教である仏教が 6 世紀前半に日本に入ってきてはじめて、古代の日本人は自分たちの伝統的な宗教文化に「神道」という宗教名を使用するようになった。神道は、基本的に日本の民族社会を離れては営まれたことのない宗教文化である。

## 第 2 節　神道の分類

一口に「神道」と言っても、神道はいくつかに分類される。ここでは神道の分類について触れてみたい。

### 神社神道

神社を中心とする神道のあり方で、これが神道のもっとも代表的なものである。

神社神道は神事・祭（り）などの宗教儀礼が中心で、説教とか修行はほとんどしない。神社神道の宗教儀礼は、神職が中心になるものと一般人（氏子（神道では、信者のことを通常は氏子と呼ぶ）、崇敬者、参拝者）が中心になるものに分かれている。さらに、神職が中心になる宗教儀礼が、定期的なものと非定期的なものに分かれる。まず、神職が中心になる定期的な儀礼であるが、たとえば 1 月 1 日には歳旦祭（天下泰平と万民豊楽などを祈る祭り）が、2 月 3 日には節分祭（邪気を追い払う祭り）が、さらには、毎月 10 日ごろには月次祭（神様に感謝する月ごとのお祭り）などが、各神社でとりおこなわれる。どのような宗教儀礼がおこなわれるかは、その神社がどのような神様を祀っているのか（その神社でお祀りしている神様のことをご祭神と呼ぶ）によって多少違ってくるが、だいたいどのような神社でも似かよっている。

次に、神職が中心になる非定期的な宗教儀礼だが、これの最も有名な例は、伊勢神宮の式年遷宮である。これは、20 年に 1 度、伊勢神宮の内宮と外宮のご社殿を新しく建てかえて、それぞれのご祭神（内宮のご祭神は天照大神、外宮のご祭神は豊受大神）に新しく造営されたご社殿にお移りいただくという、非常に大がかりな宗教儀礼である。前回の式年遷宮は、2016 年

におこなわれた。式年遷宮で中心になるのは遷御の儀である。これは新しいご社殿にご祭神がお渡りになるという儀式で、同年の10月に挙行された。もちろん、伊勢神宮の式年遷宮以外にも、たとえば奈良県の春日大社の式年造替など、非定期的な宗教儀礼は存在する。

　また、一般人が中心になる宗教儀礼としては、初詣や初宮参り、そして、七五三や神前結婚式などがある。これらは、日本人の生活にとって非常に身近なものである。ちなみに、初詣の参拝者が最も多いのが、東京の明治神宮で、例年300万人以上の人が参拝に訪れる。また、神前結婚式は、明治時代になってからキリスト教の結婚式をまねておこなわれるようになった。

## 皇室神道（別名 宮廷神道）

　古くより宮中の祭祀として伝えられたもので、天皇が関わりを持つ祭祀の総称を意味する。祭祀とは、もともと神々や祖先などを祀ることであるが、この場合は、宮中の宗教儀礼を意味する。

　これらの宮中祭祀で最も重要な儀式の1つは、毎年、11日23日に行われる新嘗祭である。これは一種の収穫祭で、天皇陛下が新穀（その年に新しく収穫された穀物）を皇祖（皇室の祖先とされる神、すなわち天照大神など）をはじめ神々にお供えになられ、神恩を感謝された後に、陛下自らもお召し上がりになる祭典である。また、新しい天皇が即位された時に、最初の新嘗祭を拡大して、大嘗祭がおこなわれる。大嘗祭では、悠紀殿と主基殿という特別な建物で、新しく即位した天皇が歴代の天皇の祖霊とともに神饌（神様のお食事）をいただき、国家安寧と五穀豊穣を祈念されるとされている。

## 民俗神道

　地域の祭りや習俗として行われる神道の形態である。前者の例としては、京都の祇園祭や東京浅草の三社祭などがあげられる。祇園祭は、京都の八坂神社のお祭りであるが、それが同時に、その地域に住んでいる町屋の人たちのお祭りにもなっている。この場合、神社のお祭りが年間行事という形で地域に溶け込んでいるので、どこまでが神社のお祭りで、どこからが町屋の人

たちのお祭りなのかの境目がはっきりしない。このことは、もちろん、三社祭にもあてはまる。

　後者の習俗の例だが、昔の日本の民家（特に田舎の民家）では、井戸には井戸の神が、竈（かまど）には竈の神が、雪隠（せっちん）（トイレのこと）には雪隠の神が祀られているというように、家中、神様だらけであった。また、農村ではさまざまな農耕儀礼がおこなわれている。この農耕儀礼は地域ごとに非常に個性が豊かである。その例として、奥能登地方のアエノコトを紹介したい。これは、旧正月である2月9日に、田の神様をもてなした後に田んぼに送り出し、稲の収穫が終わった12月の初旬に田の神様を家へお迎えするという農耕儀礼である。このアエノコトは、高度経済成長の時代にいったん廃れたが、1977年には国の重要無形民俗文化財に指定され、また、2009年にはユネスコの世界無形遺産に登録されて、アエノコトをもう一度見直す動きが出ている。

## 学派神道

　学派神道とは、中世から近世にかけて生まれた各種の神道流派・学派のことを指す。もちろん、これにも伊勢神道や吉田神道など、さまざまなものが存在するが、特に重要なのは復古神道である。本居宣長（もとおりのりなが）（1730-1801）や平田篤胤（あつたね）（1776-1843）などがその代表者である。復古神道の特徴は、国学に基づいて仏教や儒教の影響を受ける前の純粋な神道のあり方を追求しているところにある。国学とは江戸時代に、『古事記』や『万葉集』などの古典にもとづいて文献学的に古代日本の思想や文化を明らかにしようとした学問のことである。この復古神道は、明治時代の宗教制作や教育方針に影響を与えたとされている。現代の神道関係者は、どちらかと言えば、純粋神道（仏教や儒教の影響を受ける前の純粋な神道）を志向している人が多いので、本居宣長などの影響を強く受けていると言えるであろう。

## 教派神道

　教派神道とは、戦前、政府から宗教団体として公認された神道系の「旧」新宗教の教団を指す。また、戦前、政府から宗教団体として公認された神道

系の「旧」新宗教の教団が13あるので、神道十三派とも呼ばれる。学派神道と名前が似ているが、全く違うものなので注意が必要である。

神道十三派　（　）の中は一派独立の年
黒住教（1876）、神道修成派（1876）、出雲大社教（1882）、扶桑教（1882）、実行教（1882）、神習教（1882）、神道大成教（1882）、御嶽教（1882）、神道大教（1886）、禊教（1894）、神理教（1894）、金光教（1900）、天理教（1908）

### その他の神道

これもいくつか存在するが、特に重要なのは国家神道である。これは国家によって指示された戦前の神社神道および皇室神道のあり方であるとされているが、1945年のGHQ（連合国軍最高司令部）による「神道指令」によって廃止された。しかし、国家神道の中核的な宗教施設は残っている。それが靖国神社である。靖国神社に関しては後で触れる。

## 第3節　神道にはもともと聖典は存在しなかった

現在、神道関係者の間で神道の「聖典」とされているものをいくつか紹介してみると、まず『古事記』（712年成立）、『日本書紀』（720年成立）があげられる。前者においては神代の時代（神話の時代）から推古天皇までの歴史が、後者においては神代の時代から持統天皇までの歴史が描かれている。ちなみに、神道関係者の間では、『古事記』と『日本書紀』は、しばしば「記紀二典」と呼ばれる。

その他に、神道の「聖典」とされているものとして、『古語拾遺』（807年成立）や「大祓詞（中臣寿詞）」、さらには『令義解』（833年成立）などが存在する。このうち、『古語拾遺』は、中臣氏が宮中で勢力を持つようになった状況で、祭祀執行の職権を縮小されつつあった旧来の祭祀氏族である

斎部氏が、時の天皇に提出した愁訴状であるとされ、神代の時代以来の歴史をあつかっているので、『古事記』、『日本書紀』を補う資料として重視されている。2番目の「大祓詞」は、もともとは、新しい天皇が即位した時や大嘗祭の時に、中臣氏が宮中で新しい天皇の御代をことほぎ奏上した祝辞である。3番目の『令義解』は、『養老（律）令』（757年施行）の公的な注釈書であるが、『令義解』の第二巻に、「神祇令」という部分があって、律令制度のもとでの公的な祭祀の基本を定めているので、これも後に神道の「聖典」と見なされるようになった。ということで、「記紀二典」はもともと歴史書、『古語拾遺』はもともと愁訴状、「大祓詞」はもともと祝辞、『令義解』はもともと法律の注釈書で、宗教には関係のないものばかりである。したがって、神道にはキリスト教の『聖書』やイスラームの『クルアーン』のような聖典はなかった。「記紀二典」や『古語拾遺』などが神道の「聖典」であると主張したのは、賀茂真淵（1697-1769）などの江戸時代の国学者たちである。

## 第4節　神道は多神教であり、日本の民族宗教である

　神道は多神教であり、神話に登場する神々からはじまって、村の氏神や家の井戸の神などを加えると、八百万神と言われるように無数の神様が存在することになる。神道は日本の民族宗教であり、古くから日本民族、あるいは日本の国と結びついて発展してきた。それゆえに、神道は基本的に日本文化を離れては成立しない宗教である。また、神道は神社などを中心として信仰され継承される以外にも、村などの地域共同体、あるいは家庭などで、習俗として信仰され継承されてきた。豊作を祈ったり、感謝したりする農耕儀礼や七五三などの人生儀礼、そして初詣や節分のような年中行事などとも深く結びついている。ということで、神道は日本人の日常生活の一部となっていると言えよう。

　さらに、神道はもともと教義のない宗教なので、個人の救い（どうすれば、われわれ人間は救われるか）や人格の向上（どうすれば、われわれはもっと

善良な人間になれるのか）などはほとんど追求しない。むしろ、神道は共同体を支える宗教として機能してきた。秋になれば、多くの村々で村祭が行われ、村人たちが神輿を担いだりする。村祭は村の氏神様に収穫を感謝する宗教儀礼であるが、神輿を一緒に担ぐということは、神輿を担いでいる人たちのつながりをより深めることにもなる。

## 第5節　神道における関数主義

　第5節では、神道における関数（函数）主義について述べたい。これは日本思想史研究の権威であった石田一良（1913-2006）が提唱した説で、現在では神道研究者の間で広く認められている。石田によれば、「神の祭りと神を祭る生活に融けこんでいる思想」とその時代時代に流行した宗教や思想を掛けあわせれば、その時代の神道のあり方になるとされる（石田編，1970）。

　ただし、このような表現の仕方では少し理解しにくいので、これをもう少し分かりやすく説明すると、神道は着せかえ人形のような宗教ということになる。着せかえ人形の特徴は、同じ人形の本体であっても、衣装を変えれば、次から次へとさまざまに変身できることである。たとえば人形本体（「神の祭りと神を祭る生活に融けこんでいる思想」）に「仏教」という衣装を着せれば仏教的神道になる。そして、同じ人形に「儒教」という衣装を着せれば、儒教的神道に変身する。

　そこで、図6-1を見ていただきたい。平安時代の末期から鎌倉時代になって仏教が庶民レベルまで根づいてくると、「仏教」の衣装をまとった仏教的神道が登場する。本地垂迹説（神は仏が衆生を救うために仮に姿を変えてあらわれたものであるとする説）の立場に立つ両部神道はその典型例であるが、反本地垂迹説の立場に立つ伊勢神道（度会神道）なども仏教の影響を脱するものでは決してない。次に、江戸時代になって、儒教が武士たちの支配的なイデオロギーになると、「儒教」という衣装をまとった儒教的神道が出現する。山崎暗斎（1618-1682）による垂加神道などがその例である。さらに、江戸時代の後半になって、国学が盛んになってくると、その影響を受けた復古

第6章 神道について

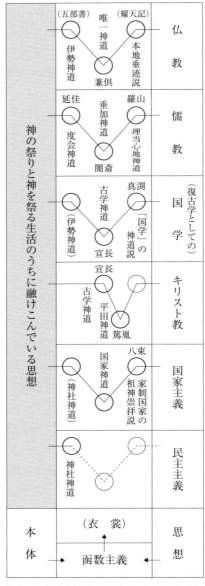

図6-1 神道における関数主義(石田編, 1970)

神道（石田はこれを古学神道と呼んでいる）が登場する。そして明治時代になると、国家主義（国家を最高の価値あるものと見なし、個人よりも国家に絶対の優位を認める考え方）の衣装をまとった国家神道が登場することになった。このように、神道はその時代時代に流行した宗教や思想を借りて自分自身を表現してきた。ということで、神道は変わり身の早い宗教と言われている。ちなみに、戦後の日本は民主主義が支配的なイデオロギーになっている。したがって、これまでの通例にならえば、民主主義的神道が出現するはずだが、現在のところまだ出現していない。

## 第6節 「カミ」とは何か

　では、そもそも神道におけるカミ（神）とは何であろうか。そのことに関して3つほど説を紹介したい。

### カミは「上」から来ているという説
　これは南北朝時代の神道研究家の忌部正通の手になる『神代巻口訣』という書物において見られる説である。忌部は同書において、神は「常に高天原に在す故に、宇會を嘉牟と云ふ」と述べている（河野，1939）。高天原とは、後述するように、神道で想定されている天上界であり、天照大神に代表される神々の居住するところである。したがって、神々はわれわれが住んでいる現実の世界より上にある世界に住んでいるので、「上」がカミの語源になったと忌部は見なしている。しかし、上代仮名遣いの研究が進み、上代日本語（古墳時代から奈良時代ごろの古い日本語）では、上とカミの「ミ（み）」は違う音が使われていたことが判明したので、最近ではこの解釈はあまり信憑性がないと見なされている。

### 本居宣長の説
　本居宣長は『古事記伝』の三之巻で、「さて凡て迦微、古御典等に見えたる天地の諸の神たちを始めて、其を祀れる社に坐ス御霊をも申し、又人は

さらにも云ず鳥 獣 木草のたぐひ海山など、其餘何にまれ、尋常ならず、す
ぐれたる徳のありて、可畏き物を迦微とは云うなり」（本居，1940）と述べて
いる。これを現代日本語に意訳すると「すべて神とは、『古事記』『日本書
紀』などの古典に登場する天の神、地の神から始まって、それを祀っている
神社に鎮座しているご神体を言い、また、人は言うまでもなく、鳥、獣、
木、草のたぐい、海や山（などの自然物）など、その他、何であっても世の
常でなく、優れたところがあって、おそれ多いものを神と言う」となる。た
しかに、神道の世界では『古事記』『日本書紀』などの古典に登場する天の
神、地の神や神社に祀られているご神体、さらには、人だけでなく、木や山
などの自然物であっても珍しくて優れていて尊いものをカミとして崇めてき
たことは事実である。したがって、本居宣長の言っていること自体は正しい
が、これではカミとはそもそも何なのかが分からない。

## 阪倉篤義説

　高名な国語学者である阪倉篤義（1917-1994）は、上代日本語の「クム」
「クマ」が音韻変化してカミとなったと主張している（阪倉，2011）。「クム」
は隠れた場所、「クマ」は隠れるという意味である。この阪倉の説は現在の
ところ最も有力な説と言えよう。現代を代表する神道研究者の1人である薗
田稔は、阪倉の説をふまえて、「「クム」というのは「隠れる」という動詞で
す。「クマ」は、要するに見えない場所、陰という意味が強い名詞です。要
するに、人の目に見えない、何か隠れているという意味が「クム」であり、
「クマ」なのです。［中略］すなわち、人々の里での生活に、大切な水とか、
森や山の恵みを運んでくれる、そういう生命のもとになるもの、私はこれを
霊性という言葉を使うのですが、そういう命の霊性、ふだんは人の目から隠
れていて目に見えない、隠れて静まる霊性という意味がこの「カミ」という
言葉にはこもっている」として、カミとは山奥の水源の上流地帯（人からは
隠れた場所）に鎮まっているものであると述べている（薗田，1997）。神社が
恒久的な社殿群を擁するようになったのは奈良時代より前であると言われて
いる。それ以前は、祭りのたびに、霊地として神聖視される場所、たとえば

村里を見下ろす明媚な山の麓などに、神籬（榊などの常緑樹）や磐座（自然石）などの臨時のカミの座を設営してカミを迎え、祭りが終われば送り返すのが常であった。ではカミは普段どこに鎮座していると見なされていたかと言えば、薗田がいみじくも指摘しているように、人里から離れていてあまり人が立ち入らない山奥の隠れた場所などに鎮まっていると考えられていたのである。

## 第7節　神道における罪

　神道では、人を不幸にする罪が天津罪と国津罪の2種類に分類されている（表6-1）。前者の起源は日本神話にある。夫の伊邪那岐命と妻の伊邪那美命は、高天原の神々の助言に従って国産みをおこなった（この日本の国土を産んだ）。しかし、最後に生んだ火之迦具土が火の神であったため、伊邪那美命はやけどをして亡くなり黄泉の国（神道におけるあの世）へと旅だってしまった。そこで、夫は妻を連れもどしに黄泉の国へ行くが、妻は死者の国の食事をしてしまったので、かんたんには現世にはもどれない。現世にもどれるように死者の国の神と相談してみるが、私がもどるまでは決してのぞき見してはいけないと言って奥の方に姿を消した。あまり長い時間姿を見せないので、いぶかしく思った夫が櫛に火をつけてあたりを見てみると、腐乱した妻の死体を発見した。それで、夫は怖くなって黄泉の国を逃げ出すが、激怒した妻は後を追いかけてくる。何とか妻の追跡をふり切ることに成功した伊邪那岐命は、九州の日向の阿波岐原で禊をおこなった。このとき誕生した三貴子の1人が須佐之男命であった。須佐之男命は海原を統治するように伊邪那岐命に命じられたが、髭が胸のあたりにまでのびる年ごろになっても泣きわめくばかりであった。伊邪那岐命がなぜ泣くのかと問うと、須佐之男命は母に会いたくて泣いていると答えた。そこで須佐之男命は、母に会うために黄泉の国へ行くことになるが、その前に姉の天照大神に暇乞いにいくことになる。ところが、須佐之男命の様子を見た天照大神は、自分の国を乗っ取りに来たのだと勘違いをした。そこで須佐之男命は自分に二心なきしる

表6-1 天津罪と国津罪（三橋編，1995）

**天津罪（8種）**

| | |
|---|---|
| ①畔放ち（アハナ） | 田の畔 をこわして、田の水を干し、稲の生長を妨げること。 |
| ②溝埋め | 田に水を引くために設けた溝を埋め、水が通わなくすること。 |
| ③樋放ち（ヒハナ） | 田に水を引くために設けた樋をこわし、田へ水が通わなくすること。 |
| ④重播き（シキマ） | ある人が種を蒔いたところへ重ねて別人が種を蒔き、作物の生長を妨害すること。 |
| ⑤串刺し | 作物の収穫時に、所有権を示す札を他人の田畑に立て、それが自分のものであるとすること。所有権の侵害。 |
| ⑥生き剥ぎ | 生きている馬の皮を剥ぐこと。 |
| ⑦逆剥ぎ | 馬の皮を尻の方から剥ぐこと。 |
| ⑧糞戸（クソヘ） | 収穫祭の祭場へ汚いものを撒き散らすこと。 |

**国津罪（13種）**

| | |
|---|---|
| ⑨生膚断ち（イキハダ） | 生きている人のはだに傷をつけること。 |
| ⑩死膚断ち（シニハダ） | 死んだ人のはだに傷をつけること。 |
| ⑪白人（シロビト） | はだの色が白くなる病気。例えば白子（シラコ）や白癜（シロナマズ）など。 |
| ⑫胡久美（コクミ） | こぶのできる病気。例えば瘤（コブ）・疣（イボ）など |
| ⑬おのが母犯せる罪 | 実母との相姦の罪、近親相姦の一種。 |
| ⑭おのが子犯す罪 | 実子との相姦の罪、近親相姦の一種。 |
| ⑮母と子と犯せる罪 | まずある女と相姦し、後にその女の子と相姦すること。 |
| ⑯子と母と犯せる罪 | まずある女と相姦し、後にその女の母と相姦すること。 |
| ⑰畜犯せる罪（ハ） | 家畜を相手に性欲を満足させる獣姦か。 |
| ⑱昆ふ虫の災 | 地に這う虫から蒙る病気や傷害。例えばムカデ・蛇などの毒に害されること。 |
| ⑲高つ神の災 | 雷による災難。落雷による火災や死傷者の発生。 |
| ⑳高つ鳥の災 | 空を翔ぶ鳥による災難。 |
| ㉑畜仆し、蠱物せる罪（ケモノタモ マジモノ） | 家畜類を殺し、その血で悪神を祭り、人々を呪うまじないをすること。なお、畜仆しと蠱物せる罪を別々の罪とする説もある。 |

しに「うけひ」をおこなった。これは、それぞれが子をもうけて、男の子が産まれた方が勝ちとする賭けごとの一種である。それに須佐之男命が勝つが、須佐之男命は調子に乗って農事妨害の罪をはたらいた。これが天津罪の起源であるとされる。

それに対して国津罪には、現在の日本人の感覚では罪と言えないようなものも含まれている。たとえば白人や胡久美は皮膚病であろうし、高つ神の災

は自然災害である。いずれにせよ、神道にはユダヤ教やキリスト教のような原罪という考え方はない。ある一定の宗教儀礼をおこなえば罪を除去することができると考えられている。

## 第8節　禊と祓

神道では、罪をなくすためには祓という宗教儀礼が必要であるとされている。そこで、祓と混同されることがある禊を含めて説明してみたい。

### 禊

これはケガレ（穢れ）を除去するための宗教儀礼で、全身を清流かきれいな海水に浸すことである。禊の語源は「身削ぎ」（すなわち、着ていたものを全て脱ぎすてて、身を清らかな水で清めること）から来ている説などがある。禊の始まりは、上述のように、伊邪那岐命による九州の日向の阿波岐原での禊である。

### 祓

祓とは罪を除く儀式であり、水は使わない。祓にはいくつかのパターンがある。

### 1）幣帛を神に差しだす

幣帛は罪をあがなうための料として神様に差しだすものである。古くは、絹や麻の布あるいは和紙、少し時代が下ると武具や軍馬、そしてさらに時代が下ると金銭などが用いられた。

### 2）祓串を用いる

祓串とは、六角または八角の棒に紙垂をつけたものであり、通常、祓う対象に対して左右左と振ることになっている。なお、六月と十二月に行われる大祓の神事では、茅輪をくぐり祓具として人形（形代）を用いる。人形とは

和紙を人の形に切りぬいたもので、それで身体をなでて罪をそれらに移して川や海に流す。この人形は雛人形などの日本人形のルーツになった。

## 第9節　神道の世界観

神道では、宇宙というものを三層構造でとらえている。まず、最上位の世界が高天原である。「たかまがはら」とも読む。語義は高位・天上にある広大な世界という意味で、神々が居住し、天照大神が支配する天上界である。次が葦原の中つ国で、高天原と黄泉の国の中間にある国、天空にある神々の世界と地下にある死者の世界の中間にある国である。この国は豊葦原の瑞穂の国とも呼ばれる。豊葦原とは、葦の生いしげる水辺の比喩で、瑞穂とは瑞々しく稔る稲穂の意味であり、したがって、豊葦原の瑞穂の国とは水に恵まれて、お米がたくさんとれる肥沃なよい国という意味である。神道研究者の中には、ここに神道の現世肯定観が現れていると主張する者もいる。このことの裏面として、神道は死後のことなどに関しては、あまり多くを語らない宗教であるとも言えよう。このことに関して本居宣長は

> 無益のことを色々と心に思ひて、或は此天地の道理はかやう〳〵なる物ぞ、人の生るゝはかやう〳〵の道理ぞ、死ぬればかやう〳〵になる物ぞなどゝ、實は知れぬことさまざまに論じて、己が心々にかたよりて、安心をたて候は、皆外國の儒佛などのさかしらごとにて、畢竟は無益の空論に候

(本居, 1934)

> (無益なことを色々と心の中で考えて、この天地[世界]はこういう道理で成り立っているとか、人が[この世に]生まれてくるのはこういう理由があるからだとか、[人間は]死んだらこうなりますとか、本当は分からないことをさまざまに論じて、自分の立場にこり固まって、安心をえようというのは、外来の宗教である儒教と仏教の利口ぶり[利口ぶる悪い癖]であって、結局は無益な空論である)

(森本による意訳)

と述べている。

## 第10節　神道における神人相依観

これまで論じてきたように、神道はもともと教義のない宗教であり、しかも、時代の変化に応じてさまざまに姿を変えてきたが、もし神道に唯一教義らしきものがあるとしたら、この神人相依観であるとされる。神道のカミ（神）とキリスト教やイスラームなどの一神教の神との違いは、神道のカミは人間によって無視されているとだんだん性格が荒んでいき、最終的には怨霊となることである。逆に怨霊であっても、人間が長い間、祀り続けているとだんだんと性格が穏やかになっていてって最終的にはカミになると考えられている。そして、いったん怨霊がカミになるとさまざまな福運を人間にもたらすとされている。このことをよく示しているのが『御成敗式目（貞永式目）』の「神者依人之敬増威、人者依神之徳添運（神は人の敬ひによって威を増し、人は神の徳によって運を添ふ）」という一節である。

ちなみに、日本の歴史で最大の怨霊と見なされているのは、菅原道真（845-903）である。道真は右大臣にまでのぼりつめたが、藤原時平（871-909）の讒言により太宰府へと左遷され失意のうちに亡くなった後に、怨霊となったとされる。道真の死後、たまたま御所の清涼殿に落雷があって死者がでたり、道真の左遷に関わった人物が相次いで亡くなったりしたことが、当時は本当に道真の怨霊の祟りであると信じられるようになった。そこで、菅原道真の怨霊にお鎮まり願うために太宰府天満宮（919年創建）と北野天満宮（947年創建）が建てられ、道真の御霊が祀られることになった。そして、菅原道真の御霊はそれ以来長い間、祀られてきたので、現在ではすっかり性格がおだやかになり学問の神様となっている。

## 第11節　靖国神社についての私見

国家神道そのものは、上述のようにすでに消滅したが、その中核を担った

宗教施設が東京都千代田区九段北にある靖国神社である。この神社はもともとは東京招魂社として明治 2 年に設立され、明治 12 年に現在の名称となった。江戸末期の志士、明治 10 年の西南戦争で戦死した官軍の兵士からはじまって、太平洋戦争終結時までに戦死した軍人・軍属ならびに戦後演習中の事故で死亡した自衛官を英霊として祀っている（246 万 6 千余柱）。前節で神道のカミ（神）は人間によって祀られないと怨霊となると述べたが、実は英霊も同じように人間によって祀られないと怨霊になると神道では考えられている。したがって、太平洋戦争をどう評価するかに関係なく、靖国神社は英霊を怨霊にしないための宗教施設であると言えよう。

　日本の政治家が 8 月 15 日の終戦記念日、あるいはその前後に靖国神社に参拝しようとすると、太平洋戦争での日本によるアジア侵略に主導的な役割を担った、いわゆる A 級戦犯を合祀している靖国神社に参拝するのは認められないとの非難が隣国からなされたりするが、これは靖国神社問題が日本を牽制するための政治的カードに使えるとの誤解を与えてしまった日本側の政治的失態と言わざるをえない。

# 第7章　新宗教について

## 第1節　新宗教の定義と分類

　第1章で触れた新宗教の定義を復習すると、日本では、（幕末を含めて）幕末以降に誕生した宗教を新宗教と呼ぶ。それ以前に成立した宗教、たとえば仏教、キリスト教などは伝統宗教である。第1章で述べたように、新宗教は、一昔前までは新興宗教と呼ばれていたが、もともとこの言葉は伝統宗教、特に仏教がやや見下してこのように呼んだと言う事実があるので、現在、学術用語としては新宗教と呼ぶことが普通になっている。

　さて、阿部，1995に従い、新宗教を成立の時期などによって、4つに分類してみたい。

新宗教の分類
第一期～第三期の新宗教
「旧」新宗教
第四期の新宗教
新新宗教

　まず、第一期の新宗教だが、これは江戸時代の末期から明治時代の初期にかけて設立された新宗教で、新宗教の中では最も古いものである。天理教や金光教などは第一期に分類される。第二期の新宗教は明治時代の中期から戦

前にかけて設立された新宗教で、大本教などが属する。第三期の新宗教は、戦後設立されたか、設立が戦前であっても宗教団体として勢いづいたのが戦後である新宗教で、創価学会や天照皇大神宮教などは第三期の新宗教である（表7-1参照）。そして、第一期から第三期の新宗教は、（第四期の新宗教に比べれば旧いということで）「旧」新宗教と呼ぶことがある。第四期の新宗教は、70年代のなかば以降に設立されたか、設立がそれ以前であっても宗教団体として勢いづいたのが70年代のなかば以降である新宗教で、しばしば新新宗教とも呼ばれる。オウム真理教（現Aleph）や幸福の科学などは第四期の新宗教に分類される（表7-2）。

## 第2節　日本は世界で最も宗教の多い国である

　意外に思うかもしれないが、日本は世界で最も宗教の多い国である。その一番大きな理由は新宗教の数が非常に多いということである。『宗教年鑑』を見ると、宗教法人の数が18万近くになっている。ただし、この数は宗教団体として各都道府県から認可されたか、行政に届け出があった宗教法人の数で、民家の一室などで任意団体として活動している宗教団体などはこの数に含まれていない。そして、それらの宗教法人の信者の数を足すと、日本の総人口をはるかに超えることになる。したがって、この日本に宗教の数がいくつあるのかは、宗教の数が多すぎて誰にも分からないというのが実情である。こんなに宗教の多い国は他には存在しない（図7-1）。

　では、なぜ日本にたくさんの新宗教が生まれたのであろうか。それには以下の3つの理由が存在する。

　1)「国教」が存在しない。
　2) 明治以降、宗教の担い手が変化した。
　3) 幕府の宗教統制のゆるみ

　まず、1)の「国教」が存在しないであるが、たとえばイタリアやスペイ

第2節　日本は世界で最も宗教の多い国である　　　131

## 表 7-1　代表的「旧」新宗教教団一覧（阿部編，1995 をもとに作成）

| | 教団名 | 教祖（創始者） | 設立年 | 信徒数 1954 | 信徒数 1974 | 信徒数 1990 | 信徒数 2022 |
|---|---|---|---|---|---|---|---|
| 第一期 | 如来教 | 一尊如来きの（1756-1826） | 1802 | 75,480 | 33,674 | 27,131 | 3,561 |
| | 黒住教 | 黒住宗忠（1780-1850） | 1814 | 715,650 | 407,558 | 295,225 | 297,165 |
| | 天理教 | 中山みき（1798-1887） | 1838 | 1,912,208 | 2,298,420 | 1,839,009 | 1,151,639 |
| | 金光教 | 金光大神（1814-1883） | 1859 | 646,206 | 500,868 | 442,584 | 363,731 |
| | 本門仏立宗 | 長松日扇（1817-1890） | 1857 | 339,800 | 515,991 | 526,337 | 108,726 |
| | 丸山教 | 伊藤六郎兵衛（1829-1894） | 1870 | 92,011 | 3,200 | 10,725 | 10,963 |
| 第二期 | 大本 | 出口なお（1837-1918） | 1899 | 73,604 | 153,397 | 172,460 | 164,940 |
| | | 山口王仁三郎（1871-1948） | | | | | |
| | 中山身語正宗 | 木原松太郎（1870-1942） | 1912 | 282,650 | 467,910 | 382,040 | 295,234 |
| | ほんみち | 大西愛治郎（1881-1958） | 1913 | 225,386 | 288,700 | 316,825 | 319,033 |
| 第三期 | 円応教 | 深田千代子（1887-1925） | 1919 | 71,654 | 266,782 | 419,452 | 439,236 |
| | 念法真教 | 小倉霊現（1886-1982） | 1925 | 153,846 | 751,214 | 807,486 | 403,332 |
| | 霊友会 | 久保角太郎（1892-1944） | 1924 | 2,284,172 | 2,477,907 | 3,202,172 | 1,100,544 |
| | | 小谷喜美（1907-1971） | | | | | |
| | パーフェクト・リバティー | 御木徳一（1871-1938） | (1925) | 500,950 | 2,520,430 | 1,259,064 | 646,368 |
| | | 御木徳近（1900-1983） | 1946 | | | | |
| | 生長の家 | 谷口雅春（1893-1985） | 1930 | 1,461,604 | 2,375,705 | 838,496 | 327,369 |
| | 創価学会（日蓮正宗） | 牧口常三郎（1871-1944） | 1930 | 341,146 | 16,111,375 | 17,736,757 | 8,270,000*（世帯数） |
| | | 戸田城聖（1900-1956） | | | | | |
| | 世界救世教 | 岡田茂吉（1882-1955） | 1935 | 373,173 | 661,263 | 835,756 | 454,927 |
| | 真如苑 | 伊藤真乗（1906-1989） | 1936 | 155,500 | 296,514 | 679,414 | 938,190 |
| | 孝道教団 | 岡野正道（1900-1978） | 1936 | 172,671 | 417,638 | 400,720 | 128,845 |
| | 立正佼成会 | 長沼妙佼（1889-1957） | 1938 | 1,041,124 | 4,562,304 | 6,348,120 | 1,985,809 |
| | | 庭野日敬（1906-1999） | | | | | |
| | 仏所護念会教団 | 関口嘉一（1897-1961） | 1950 | 352,170 | 1,210,227 | 2,196,813 | 955,080 |
| | | 関口トミノ（1905-1990） | | | | | |
| | 天照皇大神宮教 | 北村さよ（1900-1967） | 1945 | 89,374 | 386,062 | 439,011 | 490,745 |
| | 善隣教 | 力久辰斎（1906-1977） | 1947 | 404,157 | 483,239 | 513,321 | 100,000～150,000* |
| | 妙智会教団 | 宮本みつ（1900-1984） | 1950 | 515,122 | 673,913 | 962,611 | 716,159 |

注 1) 数字は『宗教年鑑』による。
　2) パーフェクトリバティー教団の設立年の（　）内の数字は，同教団の母体となった，御木徳一創始のひとのみち教団の設立年である。
　3) 創価学会は1989年，90年と信徒数を公表していないので，1990年の数字は，1988年のもので代用した。
　4) *印は『宗教年鑑』以外の資料による，ほぼ同じ時期の国内信徒数。

132　　　　　　　　　　第7章　新宗教について

表 7-2　代表的新新宗教教団一覧（阿部編，1995 をもとに作成）

| 教団名 | 教祖（創立者） | 創立年 | 信徒数 | | |
| --- | --- | --- | --- | --- | --- |
| | | | 1974 | 1990 | 2022 |
| 大山祇命神示教会 | 稲飯定雄（1906-1988） | 1948 | 59,493 | 826,020 | 800,000* |
| 白光真宏会 | 五井昌久（1916-1980） | 1951 | (1989) | 500,000 | 10,000* |
| エホバの証人（ものみの塔聖書冊子協会） | チャールズ・T・ラッセル（1884-1916） | 1953 | (1978)<br>(1992) | 45,314*<br>165,823* | 210,000* |
| 阿含宗 | 桐山靖雄（1921-2016） | 1954 | 500 | 206,600 | 382,899 |
| 霊波の光教会 | 波瀬善雄（1915-1984） | 1956 | | 761,170 | 700,000〜900,000* |
| 浄土真宗親鸞会 | 高森顕徹（1934-） | 1958 | (1984) | 100,000* | 10,000* |
| 世界基督教統一神霊協会（現 世界平和統一家庭連合） | 文鮮明（1920-2012） | 1959 | | | 600,000* |
| 世界真光文明教団 | 岡田光玉（1901-1974） | 1959 | | 97,838 | 220,000* |
| 崇教真光 | （分派独立） | 1978 | | 501,328 | 800,000* |
| ほんぶしん | 大西玉（1916-1969） | 1961 | | 900,000* | 900,000* |
| ジー・エル・エー総合本部 | 高橋信次（1927-1976） | 1969 | | 12,981 | 62,839（物故会員 15,609を含む）* |
| 神慈秀明会 | 小山美秀子（1910-2003） | 1970 | (1988) | 440,000* | 100,000〜500,000* |
| 日本聖道教団 | 岩崎照皇（1934-） | 1974 | | 69,450 | |
| ESP 科学研究所 | 石井普雄（1918-1993） | 1975 | | 16,000* | |
| 法の華三法行 | 福永法源（1945-） | 1980 | | 70,000* | 2001 年宗教法人解散 |
| 日本ラエリアン・ムーブメント | クロード・V・ラエル（1946-） | 1980 | | 3,000* | |
| 大和之宮 | 安食天恵（1952-） | 1981 | | 5,000* | |
| ワールドメイト | 深見東州（1951-） | 1986 | | 30,000* | 82,000* |
| 幸福の科学 | 大川隆法（1950-2023） | 1986 | (1989 末)<br>(1991,7) | 13,300*<br>1,527,278* | 1,100,000* |
| オウム真理教（現 Aleph） | 麻原彰晃（1955-2018） | 1987 | (1995,3) | 10,000* | 1650* |

注1）信徒数は『宗教年鑑』にあるものは、それによった。平成3年及び令和5版を用いている。
　　　＊印は『宗教年鑑』以外の資料による、ほぼ同じ時期の国内信徒数。
　2）外来の宗教については、日本の組織の設立年をもって創立年に代えている。

第 2 節　日本は世界で最も宗教の多い国である　　133

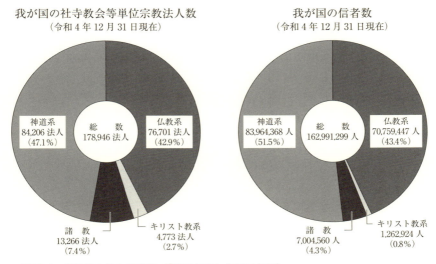

図 7-1　宗教法人数と信者数（『宗教年鑑』令和 5 年版）

ンなどのカトリック国では、事実上カトリックが「国教」のようになっており、宗教的権威をほぼ 100% 独占している。そのような国ではカトリック以外の宗教が出現する余地はほとんど存在しない。しかし、日本では仏教や神道などの伝統宗教が複数存在し、宗教的権威を独占している宗教が存在しない。ということは、逆に言えば伝統宗教以外の新しい宗教が出現する余地が存在したということになる。

　2) の明治以降、宗教の担い手が変化したであるが、明治以前は仏教や神道などの宗教関係者は、日本の知的エリート層の重要な部分を形成していた。たとえば京都の比叡山は、日本各地から非常に優秀な人たちが集まり、お互いに切磋琢磨しながら仏教を学ぶ場所であった。かつての比叡山は、喩えて言うなら、現在の東京大学かそれ以上の存在であった。浄土宗の宗祖である法然（1133-1212）や日本における曹洞宗の開祖である道元（1200-1253）、そして、日蓮宗の宗祖の日蓮（1222-1282）などは、そのような比叡山で仏教を学んだ俊英たちであった。しかし、明治以降、一般に、知的エリートたちは欧米の文物を輸入する役割を担わされるようになり、宗教には向

かわなくなった。その典型例は森鷗外（1862-1922）である。彼は文学者として有名だが、本業は陸軍の軍医総監であった。彼は若くしてドイツに留学し、当時としては最新のドイツの医学を学び帰国した。では、宗教に向かわなくなった知的エリートに代わって誰が宗教の担い手になったかと言えば、それは大衆であった。新宗教には大衆宗教という側面が色濃く存在する。明治以降、宗教の新しい担い手になった大衆たちが、自分たちの感性にぴったりくる宗教を次から次へと作っていったのが新宗教であるとも言えよう。

　3）の幕府の宗教統制のゆるみだが、江戸時代は新しい宗教を作ることは命にかかわるご法度であった。しかし、幕末になり、ペリーの黒船が浦賀にやって来たり、討幕運動がもり上がりを見せたりするなど、世の中が騒然としてくると、幕府には宗教を監視する余裕がなくなり、新しい宗教を作っても罰せられなくなった。以上の3つの理由で、新宗教の数が幕末以降（特に明治時代に入ってから）、急速に増加していった。

## 第3節　伝統宗教と新宗教の違い

　今述べたように、「旧」新宗教は大衆宗教なので、（あくまで一般論であるが）伝統宗教とは違う特徴を持っている。

### 聖職者と一般人の区別がはっきりとしているか否か

　まず、伝統宗教の場合は、僧侶や神父などの聖職者と一般人の違いがはっきりしている。キリスト教では、教会の信者がいくら長い間、教会に通っても、神父や牧師にはなれない。神父や牧師になるためには大学の神学部などに行く必要がある。仏教では、実家がお寺の場合はそのお寺の子弟が僧籍をえることは難しくないが、一般の家庭の子弟が僧籍をえることは難しい。ましてや、お寺の住職になるのはこれまでは非常に困難であった。また、伝統宗教の場合、大切な宗教的儀式は聖職者によって行われ、一般の人はそれをじっと見たり、聞いたりするだけである。儀式に参加するとしても、体や口を動かすのは、わずかの時間、かんたんなことに限られている。たとえば仏

第3節　伝統宗教と新宗教の違い　　　135

教の法事の場合、仏壇の前でお経を読んでいるのはお寺さんで、その家の人はその後ろでそれをじっと聞いていて、読経（どきょう）の最後に焼香をするぐらいというのが普通である。また、一般人がその宗教の教えを専門的に学び、深めていくこと、あるいは修行によって深い境地に入っていくことなどは期待されていない。聖職者の教えに従順に従うのが美徳とされている。

　それに対して新宗教では、一般の人が積極的に参加できる活動の場が用意されている。言いかえると、聖職者と一般人の区別が伝統宗教ほどはっきりとしていない。一般の人でも、その宗教の教えを学び、教団の積極的な構成員となって活動することが期待されている。じっさいに普段はごく普通の社会人として生活しながら、教団の行事があるときには、その教団の積極的な構成員として活動する人もめずらしくない。

## 救済観の違い

　伝統的宗教では、どちらかといえば救済や解脱、そして悟りなど、俗世間を超えたところに存在すると考えられていることが宗教の目的となっている。そのため、伝統的宗教の聖職者は修道院や寺院などに引きこもり、超世俗的な生活をする場合がある。

　それに対して、新宗教では現世利益（りやく）（要するに、お金がもうかったり出世できたりする）と病気なおしが中心である。新宗教では日常生活に密着した教えと実践が説かれる。新宗教の集会に行ったら、病気や家庭生活の悩み、そして職場の人間関係などが話し合われ、その宗教の教えにもとづいた対処の仕方が教えられることが普通である。また、日常生活の改善を目指すだけでなく、そのための助け合いや思いやりの精神が大切であるとされることがよくある。その場合、宗教教団が助け合いの精神のモデルとなり、その結果、教団内での仲間づくりが重視され、多くの信者が積極的に宗教活動に参加し、仲間づくりを目指すこととなるので、教団内での結束が固まることになる。また、世の中には多くの人が同じような悩みや苦しみを抱えており、われわれの教えにより救いの道を示されるのを待っていると考えている教団も珍しくなく、したがって、新人の勧誘には熱心な教団が多い。

## 第4節 「旧」新宗教の分類

「旧」新宗教の分類であるが、島薗，1992 に従って次の４つに分類してみたい。

> 1) 土着創唱型
> 2) 知的思想型
> 3) 修養道徳型
> 4) 土着創唱型と知的思想型の混合型

　1) の土着創唱型だが、このタイプの宗教は、その信仰の源泉がそれ以前の民俗宗教や民間習俗にある。これらの宗教の教祖はあまり学歴がなく、自分自身の苦難（たとえば自分や家族の病気や自分の実家が経済的に破綻したなど）を解決するために、様々な民俗宗教や民間習俗に深入りし、そこで独自の救済の信仰をつかみとり、それを生活経験に即して普遍化し、新しい思考行動様式にねり上げることが多い。このタイプの新宗教の教祖は、ある時、突然、神かがり状態になり、周囲の人たちが本当にこの人には神が宿っていると認めたことが、その宗教の出発点となったというパターンがよく見られる。そのため、このタイプの宗教では、教祖は生き神さまとして神格化されるのが普通である。教祖は、単に神の言葉や力を人々に伝えるだけでなく、究極的な真理とすべての信仰内容、神の意志などが教祖によって初めて啓示されたと考えられている。したがって、このタイプの宗教では、教祖の書いたものや言葉が、そのままその宗教の教えの主源泉となる。そして、すべての宗教的権威が教祖に一元化される傾向がある。このタイプの「旧」新宗教には、天理教、丸山教、金光教、天照皇大神宮教などがある。

　次に 2) の知的思想型だが、この類型の宗教は、仏教、特に法華経や日蓮宗の伝統に多くを負っていると主張している。そして、このタイプの宗教の創始者は比較的教育程度も高く、歴史や諸宗教ならびに哲学、そして自然科

第4節　「旧」新宗教の分類　　　137

学などについて、ある程度の知識を持っている。また、このタイプの宗教で
は、書かれた思想的伝統教典の類（たとえば日蓮聖人の書いたもの）や理論
的、体系的な教義書、解説書のたぐいが重視される。また、それらの習得に
は長い時間が必要であるとされ、この点では伝統宗教と似ている。しかし、
それだけでは大衆に教えを広めることができないので、呪術的現世救済信仰
が教義に取り入れられていることがある。たとえば創価学会では、南無妙法
蓮華経という題目を唱えれば、現世での運命の好転が可能であるとされる。
この類型の宗教の創始者はその宗教の教えを体系化した人として尊ばれる
が、土着創唱型のように神格化されることはあまりない。またこのタイプの
創始者は、鎌倉時代の仏教の祖師たちからたくさんのことを学んでいると主
張し、彼らに相当な敬意を払っている。たとえば生長の家の創始者である谷
口雅春（1893-1985）は、親鸞や道元などから多くのものを学んでいるとさ
れ、親鸞や道元などについての著書がある。この類型の「旧」新宗教には、
創価学会や生長の家などがある。

　3）の修養道徳型は、江戸時代の民衆的修養道徳に多くを負っている。江
戸時代の民衆的修養道徳の典型例は、石田梅岩（1685-1744）の石門心学であ
る。梅岩は、「真の商人はさき［取引の相手］の立ち、われも立つことを思う
なり（本当の商人は、取引において、取引の相手と自分がともに利益をえること
ができることを考えるものだ）」という有名な言葉を残している。梅岩は、そ
のためには、仁（他人を思いやる心）、義（人としての正しい心）、礼（相手を
敬う心）、智（知恵を商品に生かす心）の4つが必要であると説いた。この類
型の宗教では、超世俗的な考え方は非常に少なく、創始者が神から受けた超
現世的な言葉の啓示があるわけでもないし、教義を体系化した論述の書もな
い。教えの内容は、日常生活の心の持ち方やふる舞いなどについてであり、
世間的な道徳とあまりへだたりがない。政治的、道徳的には、既存の社会の
秩序を重んじるので、保守的である。企業の経営者には和の精神を説いた
り、主婦に夫への従順を説いたり、天皇を敬えと説いたりすることが多い。
また、神を崇拝することも重視されない。人間が従うべきは、神の意志では
なく、天地自然の法則としての理法であるとされる。このタイプの「旧」新

宗教には、モラロジー研究所、PL教、そして実践倫理宏正会などがある。

4）の土着創唱型と知的思想型の混合型は、土着創唱方と知的思想型の両方の要素をかねそなえている（よく言えばそうだが、シビアに言えば、土着創唱型に比べれば民俗的な神信仰の色彩が弱く、知的思想型と比べれば知的思想の体系化という点で徹底していない）。このタイプの宗教の特徴としては、教育をあまり受けていない女性教祖とある程度の教養をもった男性教祖の組み合わせで教団が作られることが多い。その場合、前者は土着創唱型の要素（要するに突然、神がかり状態になる）を、後者は知的思想型の要素を体現している。そして、このタイプの宗教は、女性教祖と男性教祖の息が合うと大いに発展することになる。その典型例は大本教である。大本教の場合は、女性教祖が出口なお（1837-1918）で、男性教祖が出口王仁三郎（出口なおの娘婿）（1871-1948）である。この類型の「旧」新宗教には、他に霊友会などがある。ちなみに、大本教は、戦前、信者の数を急速に増やし、それが政府の警戒するところとなり、弾圧を受けることになった（下の「大本（教弾圧）事件」参照）。戦後、日本国憲法によって信教の自由が認められているのは、この大本事件に対する反省ということが大きい。

## 大本（教弾圧）事件

・第1次大本事件

　1921年5月大本教の創始者出口なおと出口王仁三郎が、大本教の本部がある京都府綾部にて神政政治実現を図ったとの理由で不敬罪で起訴。1927年に大赦令で免訴。

・第2次大本事件

　1931年以降、大本教の内部組織である昭和神聖会などが組織され、ワシントン海軍軍縮条約早期撤廃を主張するなど、右翼団体的性格をもっていたが、1935年12月不敬団体として治安維持法違反容疑で幹部が一斉検挙、本部は爆破された。

## 第5節　新新宗教について

　天理教や金光教などの新宗教としては古い教団は、80年代になって明らかに信者の数が減っている。かつてあれほど勢いがあった「旧」新宗教も70年代に入ると勢いがおとろえる傾向が見てとれる。「旧」新宗教の教勢の停滞の原因としては、「旧」新宗教の創始者が亡くなり、直接その人格に触れることができなくなると、どうしてもその人の教えが形式化されて残る傾向があげられる。また、後継者も霊能力や指導力などを持つとされる場合もあるが、初代と比べるとどうしてもカリスマ性などという点で見劣りする傾向にあるということもある。だが、やはり多くの「旧」新宗教が掲げてきた病気なおしや現世利益の教えが、特に豊かな時代に育った若者には古くさく感じられるようになったということが最大の原因であると考えられる。それに対して、1970年代後半から第四期の新宗教、いわゆる新新宗教が勢いを持つようになった。

　新新宗教（第四期の新宗教）は、「旧」新宗教とは違った特徴を持っているので、分類の仕方も「旧」新宗教とは違っている。新新宗教は以下のように分類される（島薗，1992）。

---

**新新宗教（第四期の新宗教）の分類**
・サークル感覚の「個人参加型」
・隔離型
・中間型

---

### サークル感覚の「個人参加型」

　信仰共同体の人間的結合が希薄（要するに、信者同士の横のつながりがあまりない）で、個人個人が気が向いたときに参加すればよいとされている宗教団体である。これにはESP科学研究所やワールドメイト（コスモメイト）な

どがある。ESP 科学研究所の創始者である石井普雄(かたお)(1918-1993)は、生前、自分は超念力の持ち主であると主張していた。

## 隔離型

　この類型の新新宗教は大変緊密な信仰共同体を形成する。そして、その信仰共同体の内部では、一般社会とは違った人間関係が形作られ、外部に対して閉鎖的になる。このタイプの宗教では、信者は世俗の生活から隔離された信者だけの共同生活を送ることが多い。また、このタイプの宗教の信者は親や親戚の意志に反して入信することが多いので、親や親戚などは子どもを奪われたと思うことがある。また、教団への加入のプロセスが、合宿などの型で短期間に行われるという、一種の洗脳の形をとることや、さらには自分たちの宗教団体を維持するために、強引とも言える信者獲得や集金活動がおこなわれたり、過酷な労働が信者に課されたりすることもある。そして、閉鎖的な宗教共同体の中では、一般社会とは違った倫理観が存在することがあるので、それが一般社会と摩擦や軋轢(あつれき)をひき起こす場合もある。さらに、このタイプの教団は、指導者の性格によって教団のあり方が大きく左右される傾向がある。この類型の新新宗教には、オウム真理教(現 Aleph)や旧統一教会(現 世界平和統一家庭連合)、そしてエホバの証人などがある。

## 中間型

　このタイプの宗教は「旧」新宗教に近く、創始者を頂点とする教団組織ががっちりとでき上がっている。しかし、その共同体は外部に対して閉鎖的なものではなく、信者は普通に社会人として生活しており、通常、教団は心なおしによって信者が世俗社会のなかで向上していくことを目指している。幸福の科学や崇教真光(すうきょうまひかり)などがこのタイプの新新宗教である。

## 特に隔離型の新新宗教の問題点

　個人参加型の新新宗教は、信者に弱いコミットメントを求めるだけであるし、中間型の新新宗教は、信者が世俗の生活の中で向上していくことを目指

第5節　新新宗教について　　141

しているのが普通である。したがって、仮にそれらの宗教教団の組織のあり方に問題があっても、その問題は表面化しにくい。これからの記述は、オウム真理教のような隔離型の新新宗教についての考察であると理解していただきたい。

　隔離型の新新宗教の問題点を島薗/石井，1996 に従って組織のあり方から考察してみたい。新新宗教の教団主催の集会は、カルチャーセンターの講習会やセミナーなどに類したものになる傾向を持っている。会場は、多目的ホールや講習会会場のようなところをお金で借り、その場で教祖はカリスマ性やエンターテイメントなどで人を引きつけようとする。その集会の出席者は受講者や視聴者という立場でその場にいることになる。このような集会でお布施や献金などが求められる場合、その集会でえられる宗教情報サービスの対価であると感じられている場合が多い。また、教団の定期刊行物を購読する場合も、その定期刊行物によってえられる宗教情報サービスをお金で手に入れるという形になっている（お金を振り込むと、教団の定期刊行物が送られてきたりする）。これを宗教的情報の商業的非人格的交換と言う。本来、宗教的な真理は師匠と弟子の人格的なふれあいの中で伝わっていくものだが、新新宗教は、宗教のあり方が商業化されている傾向が強いと言えるであろう。

　さらに集会参加費や受講費、そして定期刊行物の購読以外に信者が献金などを行う場合も、より高い等級ステージへの移行のための対価やよりレベルの高いとされる宗教情報を手に入れるための対価であるなどと考えられている場合が多く、やはり、商業主義的な傾向が強く見られる。「霊的向上」や「精神的向上」などのために信者が払うお金はかなり高額なものになることがあるが、これらも資格試験や英会話の技能などを習得するための、自分自身への投資（たとえば高価な英会話の教材を購入したりする）と同じように考えられていることがある。逆に、伝統宗教などのように、見返りを期待しない献金などの機会は減ってきている。

　また、その地域に住んでいる信者仲間からなる地域の信仰共同体（中間組織）の結束が弱いので、信者が信者仲間や自分が属する教団のために自発的に奉仕を行う機会が乏しくなる。そして、布教活動を行う場合でも、それは

戸別訪問や個人の一本釣りなどという形をとり、仲間としての活動としてはやりにくくなっている。そのかわり、教団としてしなければならなくなる業務は増えていく。たとえば外部の人々（信者でない人々）への勧誘情報の提供、内部の人々（信者）へのサービス情報や定期刊行物の発行・提供、サービス向上のための、あるいは教団のイメージ向上のためのさまざまな事業の運営や展開、そして、ビデオセンターや支部などの教団情報提供施設の管理とそこでのサービス向上、さらには組織管理や広報活動などがそれである。これらは地域の信仰共同体が片手間でできる仕事ではないので、専従の職員を必要とする。それゆえに、これらの教団では、信仰生活に必要な情報やサービスの提供などが、基本的に専門分化した職員ないしスタッフ、すなわち業務組織によっておこなわれることになる。したがって、新新宗教は教団の規模の割には大きな業務組織を持ち、業務組織と宗教情報の消費者がほぼ直接に結びつくという、業務組織―消費者接合型宗教という組織のあり方をしている傾向が強い。伝統宗教などでは、業務組織と信者の間に地域の信仰共同体（中間組織）が存在するのが普通であるが、新新宗教は宗教としての歴史が浅く、教団の規模も比較的小さい教団が多いので、伝統宗教などと比べるなら地域の信仰共同体が希薄な場合が珍しくない。たとえば新新宗教の宗教団体の地方支部がその地域のマンションの一室にあっても、そこには信者が数人暮らしているだけで、その地域に根をおろして活動しているのではないということがよくある。

　そこから帰結する隔離型の新新宗教の問題点が３つ存在する。その第１は強制的な勧誘や献金の問題である。隔離型の新新宗教の場合、信者を日常生活から隔離して業務遂行組織の末端に組み込むことになる。そして、その組み込み方も、新新宗教の教団は伝統宗教などと比較すると地域的な信仰共同体が貧弱である傾向が強いので、信者は自分が暮らしている地域の信仰共同体の中で、社会人として普通に日常生活を営みながら、徐々にその宗教に対する信仰を深め、その教団と少しずつ関わりを深めていくという機会が基本的に存在しない。そのために個人は、洗脳などによって何らかの機会に一気に教団とコミットメントを深めることが珍しくない。また、伝統宗教などの

ように、地域の信仰共同体に属する信者が自発的に献金や奉仕などを行うということがほとんどないので、信者が教団に対して行う献金や奉仕なども、強制的なものか欺瞞的なものになる傾向が見られる。たとえばマインドコントロールなどの手法を用いて、実は自発的ではないのに信者には自発的に献金や奉仕などをしていると思わせていることがある。

第2は指導者崇拝の問題である。隔離型の業務遂行－消費者接合型宗教では、消費者として拡散してしまう可能性のある信者をつなぎ止めておくために、指導者崇拝が強化される傾向がある。また、業務遂行組織の頂点にいる指導者（教祖）に権力が過度に集中しがちである。このことは、オウム事件が起きた時に、グルイズムの問題として指摘された。グルとは古代インドの言語であるサンスクリット語で、先生とか指導者の意味である。したがってグルイズムとは、指導者であるグルが強い権力をもって教団全体を指導する体制を意味する。オウム事件はまさにこのグルイズムの問題が露呈した事件とも言えよう。また地域の信仰共同体が希薄なので、一人一人の信者が教祖に直属するという傾向がある。それゆえに、信者の教団に対する奉仕が指導者に対する崇拝と結びつくことがある。オウム真理教の場合も、指導者に自分を認めてほしいがために、信者たちが一般人を拉致するなど、反社会的行動を重ねたということが指摘されている。

第3は対外的な攻撃性の問題である。隔離型の業務遂行組織－消費者接合型宗教では、地域の信仰共同体の安定的な存続にあまり関心が向かわない。なぜなら、信仰共同体が希薄だからである。そのため地域活動に力を入れることにはあまり意味がないと考える傾向が強い（逆に伝統宗教などでは、地域の信仰共同体の安定的存続が、自分たちの宗教の安定的存続につながるとよく理解しているので、地域活動に力を入れることがよく見られる）。それよりも、業務遂行組織が効率的に末端の宗教情報の消費者を増やし、新たなる市場を拡大していくことが好ましいと考えることが珍しくない。そこで、その妨げになる批判者に対しては、すでに獲得した宗教情報の消費者の賛同をえるためにも、これから新しい宗教情報の消費者を獲得するためにも、攻撃的な態度をとることがある。具体的には、宣伝や世論の抱き込み、そして訴訟などの

手段を使って、批判者の力を封じ、批判者を押さえ込もうすることがある。かつてのオウム真理教はその極端な例で、批判者を VX ガスという毒ガスで襲撃したことさえある。

　かつてのオウム真理教には、以上の 3 つの問題点がすべて典型的によくあてはまる。しかし、これだけの考察では、1995 年の 3 月に起きた地下鉄サリン事件のように、なぜオウム真理教が突出して凶暴化したのか、その理由が分からない。そこで、オウム真理教についてより深く理解するために、精神世界について考察してみたい。なぜなら、オウム真理教の出発点は 1984 年に発足したオウム神仙の会であり、これは明らかに精神世界の瞑想（後述）に属するものだからである。

## 第 6 節　精神世界について

　精神世界を英語に直訳するなら spiritual world となるが、アメリカ人やイギリス人などに spiritual world と言っても通じない。精神世界は、正しくは英語で new age あるいは new age movement と言う。精神世界は宗教と同じようなものであると混同されることがあるが、精神世界と宗教は似て非なるものである。なぜなら、後で述べるように、精神世界には自己の否定的転換がないからである。そこで、まず精神世界がどのようなものか、その概要を理解するために島薗, 2022 を参考に精神世界の大まかな分類を紹介したい。

### 瞑　想
　インドのヨーガや中国などの禅の流れを汲むもので、インド人のマハリシ・マヘーシュ・ヨーギ（Yogi, Maharishi Mahesh, 1918-2008）の超越瞑想（別名 TM 瞑想、transcendental meditation）などが有名である。超越瞑想は 1960 年代のアメリカで大ブームになったことがある。前述のように、オウム真理教の出発点もこの精神世界の瞑想である。

## ネオ・シャーマニズム

アメリカやシベリアの先住民の知恵に学ぶことを主張する。先住民の文化は、シャーマニズムを中心とした文化であるが、これは近代的な知を超える知恵を持っているとされる。

## ネオ・ペイガニズム

ペイガニズムとは異教主義のことであり、ヨーロッパであれば、キリスト教が伝来する以前のゲルマン人の文化やケルトの文化などを見直すことを主張する。女神復活運動や魔女の文化を現代に蘇らせようとするウイッカ運動などがこれにあたる。

## チャネリング

チャネラーと呼ばれる媒介者（仲立ちをする人）が非地球人の意識存在（宇宙人）や過去の偉人の霊と交信することによって目の前にいる人の自己実現や悩みの解決などを助ける。非地球人の意識存在はチャネラーによって呼び方が違っていることがあり、エクトンやバシャールなどと呼ばれる。

### 超常現象の研究

超常現象とは現代の自然科学では説明できない現象のことである。UFO、宇宙人、臨死体験などがこれにあたる。

## 癒しのさまざまな技法

これには気功、水晶、レイキ、マクロビオティックなどが存在する。気功とは、もともと「数千年前に中国で伝統医学の一つとして発祥」したものであり、「身体、心、精神のエネルギーを最適化する動作を行い、健康とウェルビーイング（well-being）を改善・維持することを目的としているものである（厚生労働省『「統合医療」に係る 情報発信等推進事業』のホームページより）。水晶は、精神世界では人を癒やす神秘的な力が宿っているとされる。レイキとは手かざしのことであり、臼井甕男（1865-1926）が開発したもので

ある。マクロビオティックは玄米正食とも言われ、桜沢如一（ゆきかず）（1893-1966）が考案した。マクロビオティックでは、日本人にとって正しい食物は、玄米ご飯と熱を加えて調理した野菜であり、肉や魚などの動物性のものは食べてはいけないとされる。そのような食事を続けていれば、一生ガンなどの病気にならないで健康にすごせると主張する。

## トランスパーソナル心理学

　個人の意識の深層は個を超えた集合的なもの、霊的神秘的なものにつながっているとして、そうした領域に触れる心的体験を人間の心の本質的な構成要素ととらえるような理論と、それに基づく心理療法の実践を指す。人間の意識の進歩は、単なる自己実現のレベルで終わるものではなく、それを超えた霊的なレベルに至って初めて完成するものであり、そこに至る可能性を誰でも持っていると主張する。

## 自己啓発セミナー

　あまり神秘的なことは言わないで、さまざまな心理学の知識やテクニックなどを用いて、参加者の自己啓発、自己実現を目指す。

## ホリスティック医学

　西洋の近代医学は、フランスの哲学者デカルト（Descartes, René 1596-1650）に由来する心身二元論（人間の心と体は別物であるという考え方）と人間機械論（人間の体は一種の機械であるという考え方）を理論的基盤として長足の進歩をとげたが、その反面、心臓病や脳血管障害などの生活習慣病には対処しにくいなどの問題点をかかえている。ホリスティック医学は、そのような近代西洋医学の問題点を是正する目的を持っており、人間の心と体を一体のものとしてとらえる。心身医学とも呼ばれる。

## ニュー・サイエンス

　デカルトやニュートン以来の近代科学では、精神的なものと切り離された

第6節　精神世界について　　　147

物質的なものを客観的に研究することが重視されてきた。このような二元論的前提を否定し、新しい科学、たとえば素粒子論などに代表される最新の物理学と東洋の神秘主義（仏教、ヒンズー（ヒンドゥー）教、道教など）の立場は一致すると考える。

　以上で精神世界の大まかな分類を見てきたが、トランスパーソナル心理学やホリスティック医学のように学問の世界で認められているものもあれば、そうでないものもあるので、まさに玉石混淆と言えるであろう。そこで、これらに共通する精神世界の全般的特徴について述べてみたい。
　精神世界の全般的特徴としては、

1）意識変容を重視する。
　意識変容とは日常の意識とは異なる意識状態になることであるが、これをくり返せば、その人の霊性（スピリチュアリティー）がより高度なものになると考えられている。そこで、意識の変容をもたらすためのさまざまな心理的テクニック（たとえば瞑想など）が重要視される。意識の変容を通じて、超能力や神秘現象への感受性が高まるとも考えられている場合が多い。また、自然や人間を超越した神ではなく、自然や人間の中に内在する霊的なものや神的なものを尊ぶ傾向が強い。宇宙全体が霊的なもので満ちており、人間は生まれながらにして、そのようなものと触れる能力を持っていて、そのような霊的な存在と交わり一体化することが、意識変容の実質的内容であり、目標でもあるとも考える。

2）現代は人類の霊的進化の大きな転換点である。
　現代は人類の霊的進化の大きな転換点であり、個人個人の霊的覚醒は、この霊的進化の過程の一部である。現代の人類の霊的進化とは、一神教に代表される超越者依存型の宗教文明や近代科学が主導してきた合理主義的物質文明を超える、新しい霊的文化への移行期であり、またこのような移行は、個人個人の霊的な自己変容抜きにはありえないとされる。

3）宗教はもう古い。

　神やカリスマ的存在などに依存する宗教にかわって、自立的な個人の覚醒による霊性の開発こそ、これからは必要でありかつ重要である。古くさい教義を権威主義的に押しつけ、教団組織で人を拘束する宗教は、人間本来の霊性を抑圧してきた。したがって、自由な個人による霊性開発こそ、今求められているものであるとされる。精神世界は、固定的な教義や教団組織、ならびに権威的な指導体系、あるいは「救い」の観念を持たず、個々人の自発的な探求や実践に任せる傾向が強い。


4）最新の科学と精神世界は一致する。

　科学と精神世界は相対立するものではなく、むしろ合致すべきものであると考える。近代科学の発展とともに、伝統的宗教にもとづく世界観は妥当性を失った。しかし、現代の科学は、近代の二元論的科学（精神と物質をはっきり分けて、しかも物質のあり方が精神のあり方を規定するとの立場に立つ科学）を超えつつある。したがって、ハイゼンベルグの不確定原理や複雑系などの最新の科学が提示する新しい宇宙観や生命観は、むしろ新しい霊性の探求と合致するという見方をする（島薗進，2022）。

　ハイゼンベルグの不確定原理とは、物理学の1分野である量子力学の基本的な原理の1つで、$\Delta x \Delta p \geq \dfrac{h}{2}$という数式で表現される。この数式の意味するところは、位置の不確定（$\Delta x$）と運動量の不確定（$\Delta p$）の積がある一定の値より大きくなるという意味であるが、このことを別の角度から言うならば、ミクロの物質の領域では、ミクロの物質を観測しようという人間の行為がミクロの物質の状態に変化を与えてしまうとされる。上述のように、量子力学以前の近代科学は、物質のあり方が人間の意識のあり方を規定すると考えてきたが、量子力学以降の科学は、逆に人間の意識のあり方が物質のあり方を変化させるとの立場に立っていると、精神世界では理解されている。


　以上で精神世界の全般的特徴を見たので、次は精神世界の問題点を指摘したい。精神世界の問題点としては

## 1）個体主義（個人主義）の問題

　個人の自主性を重んじ、共同体の束縛をきらう個体主義（個人主義）が、精神世界のいわば原則となっているので、自己責任の原則が重視されることになる。それゆえに、人間同士の横のつながりが希薄になりがちなので、そこにはある種の寂しさと内向性がつきまとう傾向が見られる。また、社会対立や差別構造から目をそらして内にこもる姿勢が精神世界には伴いがちである（島薗進，2022）。

## 2）自我拡大の危険性

　問題点の第2は自我拡大の危険性であるが、このことに関して安藤治は、スピリチュアル・アディクションの問題点を指摘している（安藤，1993）。アディクションとは中毒のことであるが、安藤はスピリチュアルな実践に関わっている人には、アディクションにいたる傾向がつねに強く潜在しており、多くのスピリチュアルなコミュニティのなかには、現実の社会生活からの逃避としてスピリチュアルな実践に熱中している人が見られること、さらには、スピリチュアルな実践をおこなっているということで、自分を特別な人間であると思ってしまう傾向があげられると述べている。だが、自分を特別な人間であると思いこんで、自分に変なプライドを持ってしまうと、結果的に世間一般の人より自我が拡大してしまっていることにもなるであろう。実は、オウム真理教は精神世界から出発しているので、この問題点をそのまま引きずっていると言えるであろう。少なくとも、地下鉄サリン事件当時のオウム真理教の幹部には、精神世界からオウム真理教に入っていったという経歴の持ち主がかなり存在する。その理由であるが、島薗は精神世界にはある種の頼りなさも存在しているとして次のように指摘している。

　　新新宗教と深くコミットする人びとと並んで、［中略］「宗教」ではない「霊性」の追求に生きがいを求める人びとが増大しています。［中略］
　　しかし、そこにはある頼りなさも漂っています。個人の私的自由に徹しようとする限り、孤独や不安や倦怠は避けられません。なんらかの深

刻な困難に出会ったとき、眼前にある確かなモデルに従って生活を立て直して行くこともできません。A・Kさん［精神世界に大きな関心を持ち、2年前からは西野皓造のカンフー教室に通っている22歳の女性］の例でも「宗教」を好まないとしながら、ある技法を教える「先生」に従うことによって安心を得ている気配が感じられます。そうした霊性的技法の「先生」の指導にもあきたらないとき、新新宗教の呼びかけは魅力的に感じられることでしょう。そこには確固たる信念の体系と高い目標を掲げた集団行動と暖かい仲間の支持があります。そういう世界に接したとき、自由と感性を金科玉条としてきたこれまでの生活の底に潜んでいた「空しさ」がにわかにリアルに感じられることでしょう。

（島薗，1992）


ただし、「そこには確固たる信念の体系と高い目標を掲げた集団行動［中略］があります」の部分は、少なくともオウム真理教に関しては、あくまで外部からはそのように見えたかもしれないが、実際にはそうではなかったと言うべきであろう。

### 3）一過性の問題

　一過性とは効果が長続きしないことである。精神世界に属するもののなかには、効果が長続きしないものもある。たとえば自己啓発セミナーは通常、3日間ぐらいのプログラムで短期間におこなわれるのが普通であるが、短期間で身につけたものは忘れるのも早いと言えるであろう。それは一夜漬けの試験勉強で覚えたことは、試験が終わったらすぐに忘れてしまうのと似ている。

## 第7節　オウム真理教についての私見

　オウム真理教の問題点について考察する前に、基本的なことから述べておきたい。オウム真理教と言えば、空中浮遊（浮揚）が有名であったが、彼ら

が空中浮遊の写真であると主張しているものは、高いところからあぐらを組んだまま飛びおりたり、あぐらを組んだままジャンプしているところを写真に撮ったもので、ニセの空中浮遊である。また、オウム真理教は神秘体験を売りものにしていたが、それはメスカリンやLSDなどの幻覚剤を用いたニセの神秘体験であった。さらに、彼らはPSI（Perfect Salvation Initiation）と呼ばれるかぶりものを制作して、これで教祖と脳波を共有できると主張していたが、実際には、ウソ発見器に使用する集積回路の入力と出力を逆につないだだけの粗悪なものであった。

　ここでは、オウムという現象を理解するために、便宜的に３つの観点から考察してみたい。まず、最初は他の隔離型の新新宗教と共通する問題である。第６節で指摘したように、強制的な勧誘や献金の問題、指導者崇拝の問題、対外的な攻撃性の問題はすべてオウム真理教にあてはまることは事実である。島薗は特に指導者や教団に対する批判や疑問を禁じる極端なグル崇拝の論理が巧みにオウム真理教の教義に組みこまれていたことを指摘している（島薗，1997）。その典型例がオウム的「マハー（・）ム（ー）ドラー」であるとされる。「マハームドラー」はチベット仏教の特にカギュ派に由来するもので、もともとは禅定により自己の心に起こる欲望などは実体がなく空であることを悟る高度な修行を意味するが、オウム的「マハームドラー」は、「ジュニアーナ・ヨーガ（知恵のヨーガ）」の高次の段階とされ、これが成就すると決定的な自己変容が起こり、「最終解脱」へのステップが大きく前進するとされていた。実際にはワークと呼ばれる、グルから課された課題にひたすら没頭することになる。そして、グルへの感謝の念に満ちて、いっさいの雑念や煩悩を捨てて自己の課題に自己滅却的に集中できるようになった状態がこの修行の完成とされる。これを島薗は「自己滅却的自己超越」と呼んでいるが、これはグルの意志にひたすら忠実に従い続けるということであり、一種のロボット化であるとも言えるであろう。そして、もしオウムの信者たちがこの修行を成就すれば、グルによって課されたワークであれば、平然と批判者を毒ガスで暗殺することもできるようになる。ちなみにオウムでは、修行の目的はグルのクローンもしくはコピーになることであるとされて

いた。しかし、これは宗教の修行ではないこともつけ加えておきたい。本当の宗教の修行とは師匠と弟子が、お互いに切磋琢磨し、鍛えあうものであって、このようなものは宗教の修行とは言えないであろう。

　次に、精神世界とのつながりについて考察してみたい。基本的に精神世界は、自己のスピリチュアリティーを高めるという形での自己超越を目指しているが、オウム真理教は精神世界から出発しているので、これを受けついでいると言えるであろう。しかし、単なる自己超越を説くことには前述のように、自我拡大の危険性が伴っている。そして、まさにオウムはこの危険性にはまりこんでしまったと言えよう。本来、宗教には往相と還相の両方が存在するものである。往相とはこの世を超越する方向であり、還相とはこの世に戻ってくる方向である。たとえば禅家では「百尺竿頭に一歩を進む」と言う。百尺竿頭（長さが百尺もあるような竿の先）とは高い悟りの境地の意味であり、「百尺竿頭に一歩を進む」とは、悟りの境地に達したのなら、俗世間にもどり、衆生済度（衆生（命あるもの、生きとし生けるもの）を救うこと）に力をつくす、それが真の禅の働きであるということを意味している。したがって、オウムには往相は存在するが、還相が存在しないとも言えるであろう。

　このことを別の角度から見るなら、オウムには自己の否定的転換という宗教の必要条件が欠けているとも言えるであろう。自己の否定的転換とは、かんたんに言えば、私欲に満ちた小さな自分を否定して、神や仏などの教えに従うより大きな自分へと生まれ変わることである。現代を代表するイギリスの宗教学者であるジョン・ヒック（Hick, John 1922-2012）は、偉大な世界宗教の本質は「自我中心から実在中心への人間存在の変革」であると述べている（ヒック，1990）。この場合の「実在」とは神や仏などの絶対者を意味しており、自己の否定的転換に近いと言えるであろう。そして、オウムの場合は、ヒックの言い方になぞらえるなら、「自我中心からよりひどい自我中心への転換」ということになるであろう。ということで、オウムには自己の否定的転換という宗教の必要条件が欠けているので、オウムは宗教ではなく、あくまで破壊的カルトであると言うべきであろう。

問題点の第3はオウム独自の問題点である。まず、ゆがんだ人間観があげられる。彼らは人間というものを単なるデータの集積体（たとえばパーソナルコンピュータのハードディスクやSSD）のようなものであるとみなしていた。そして、彼らは修行の目的は自分のデータを消去して、グルのデータに入れかえることであると考えていた。しかし、これはやはり宗教の修行とは言えないであろう。たとえば禅家では師匠の単なる猿まねは三文の値打ちもないと言われている。単に形だけ師匠の言動をまねてみても意味がなく、自分でさまざまな工夫を重ねて苦労しながら修行によって体得したことを自分なりに表現することが重視される。

次に、瞑想の危険性があげられる。瞑想は、きちんとした指導者についておこなうのなら何ら危険性がないが、オウムの信者たちは自己流で瞑想をおこなっていたので、瞑想の危険性にはまりこんでしまった。安藤は集中的瞑想期（準備訓練期の次の段階）に起こりがちなシュード・ニルヴァーナ（偽涅槃）に関して「すばらしい喜び、至福の感情、魅惑的な恍惚感、強烈な開放感が沸き起こってくることがある。この状態は瞑想の最終的ゴールであると間違えられることが多く、シュード・ニルヴァーナと呼ばれている。［中略］多くの瞑想伝統には、こうした体験を評価するための洗練されたチェック機構が存在し、偽のニルヴァーナ対しては距離をもって接するように指導される」と述べている（安藤，1993）。これは禅で魔境と呼ばれているものに相当するであろう。しかし、端的に言って、これは一種の幻覚のようなものである。だが、オウムは自己流で瞑想をおこなっていたので、「こうした体験を評価するための洗練されたチェック機構」が存在せず、シュード・ニルヴァーナを本当の悟りの体験であると誤解してまった。そこで、彼らは短絡思考をおこなって、幻覚を見たら悟ったことになるのなら、てっとり早く幻覚剤を飲めばよいと考え、キリストのイニシエーションと称して幻覚剤入りのカクテルを信者たちに飲ませていた。さらにオウム真理教は、自分たちは宗教と科学を融合させたと主張していたが、その科学とは毒ガスや幻覚剤を密造するゆがんだ科学であった。したがって、その実体は破壊的カルトとゆがんだ科学との野合であったと言うべきであろう。

なお、オウム真理教は Aleph と教団名を変えて現在も存続している。それどころが、地下鉄サリン事件などのことをよく知らない若者を対象にSNS などを駆使して布教活動をおこない、毎年 100 名前後の新しい信者を獲得して力をもりかえしてきていると言われている。その意味でもオウム事件はいまだ未解決であると言えるであろう。

## 第8節　旧統一教会（現 世界平和統一家庭連合）についての私見

　2022 年 7 月に起きた安倍元首相暗殺事件により、旧統一教会に関する問題がにわかにクローズアップされるようになった。これからの話の前提として、Y 容疑者による安倍元首相銃撃は卑劣なテロ行為であり、決して許されるものではないということをまず確認しておきたい。なお、旧統一教会は、世界基督教統一神霊協会として発足し、2015 年に世界平和統一家庭連合に改称した。ここでは「旧統一教会」と呼ぶことにしたい。

　旧統一教会は、1954 年に韓国で文鮮明（ムンソンミョン）（1920-2012）により創立された。日本では 1959 年から伝道が開始され、1964 年に宗教法人の認証を受けた。ちなみに、この団体を日本に招き入れたのは安倍元首相の祖父である岸信介（のぶすけ）（1896-1987）であり、その主たる理由は岸と文が反共産主義という点で意気投合したからであると言われている。それ以来、半世紀以上にわたって旧統一教会は主に自由民主党と深いつながりを築いてきた。そこで、この団体に関する問題点を 3 つの観点から考察してみたい。

　その第 1 は霊感商法と多額の献金の問題である。霊感商法とは、これを買わないと不幸になるとか幸運を逃すと言って不当に高いものを売りつけたりすることであるが、特に、旧統一教会の場合は 1980 年代半ばから姓名判断などとからめる形での霊感商法が問題となり、逮捕される者が続出した。また、信者から多額の献金を集め、たびたび損害賠償を命じられている。少なくとも毎年数百億円がこの団体から韓国やアメリカの教団本部や関連団体に送金されてきたが、それらの資金の出所の大半は、このようにして集めたお金であると推測される。これに対して旧統一教会は 2009 年にコンプライア

ンス（法令遵守）宣言を出し、今後は強引な勧誘などをしないと表明した。しかし、全国霊感商法対策弁護士連絡会によれば、多額の献金も霊感商法もいまだに続いていて、霊感商法に関しては、2017 年から 2021 年の 5 年間で合計 54 億円を超える被害相談が寄せられているとされる。そこで、2022 年 12 月に被害者救済新法が国会で成立し、翌年 1 月に施行された。この新法の骨子は

1) 法人などが霊感などの知見を使って不安をあおり、寄付が必要不可欠だと告げるなど、個人を困惑させる不当な勧誘行為を禁止。これらの禁止行為に違反し、行政の勧告や命令に従わなかった場合には、1 年以下の懲役か 100 万円以下の罰金の刑事罰を科す。
2) 法人などに対し、個人の自由な意思を抑圧し適切な判断が困難な状況に陥らせないようにするなどの十分な配慮義務を課す。これを守らなければ、勧告をおこなったり、団体名を公表したりする。
3) 不当な勧誘行為に基づく寄付に、寄付した本人の取消権を認めるほか、寄付した本人が取り消しを求めない場合でも扶養されている子どもや配偶者などに扶養を受ける権利の範囲内で取消権を認め、本来受け取れるはずだった養育費などを取りもどせる。

　しかし、この新法には、扶養されている子どもや配偶者などには、扶養を受ける権利の範囲内でしか取消権が認められておらず、特に未成年の子供が、寄付した本人や旧統一教会を相手にして、取消権を認めるように裁判に訴えることは困難であるなどの問題が存在する。この新法は施行後 2 年をめどに見直すことになっているが、この点からも見直しは必須であろう。
　問題点の第 2 はこの団体と政治とのつながりである。2022 年 9 月 4 日の朝日新聞の記事によれば、全国の国会議員、都道府県議、知事 3333 人に旧統一教会との関係を尋ねるアンケートを実施したところ、教団や関連団体と接点があったことを認めた国会議員は 150 人、都道府県議は 290 人で、8 割が自民党の議員であった。また、知事も 7 人が教団や関連団体と接点があっ

たことを認めたとされる。ただしこれはあくまで、その時点で判明した数にしかすぎないであろう。では、なぜこの団体と接点を持とうする政治家が存在するのかと言えば、この団体の組織票が欲しいということや、選挙活動などを手伝ってくれる人員を無償で派遣してくれるということなどがその理由である。2022年8月7日の朝日新聞の記事は、旧統一教会の組織票は10万票をくだらないと報じている。確かに10万票という票数は、たとえば創価学会の組織票の数に比べるならかなり少ないが、選挙のときには1票でも多く票が欲しいというのが政治家の本音であろう。逆に、旧統一教会側からするなら、政治家が教団や関連団体が主催する集会などに出席してスピーチなどをしてくれれば、いわば政治の「お墨付き」をえたかのような印象を世間に与えることができる。また、2021年夏の参議院選のときに、旧統一教会の関連団体が、複数の自民党の議員に、選挙活動に協力するかわりに事実上の政策協定にあたる推薦確認書を提示し署名を求めたところ、何名かの自民党の候補者が署名していたことが報じられている（朝日新聞2022年11月13日）。これには、選挙をつうじて政治家とのつながりを強化するだけでなく、政治に一定の影響力を行使しようという意図が見てとれる。そこで、自由民主党は旧統一教会や関連団体との関係断絶を宣言した。しかし、地方議会では旧統一教会の現役の信者が議員をやっていて、自由民主党と議会内で共同会派を組んでいる事例などが存在するので、はたして本当に旧統一教会や関連団体との関係断絶ができるのかは疑問である。

　最後に、1964年に発足した全国大学連合原理研究会（Collegiate Association for the Research of the Principle 略称 CARP）の問題について考察したい。CARP は旧統一教会の教義を布教するためのサークルであり、全国のさまざまな大学に存在している。当初は黒板を用いて教義の布教活動をおこなうなどしていたが、現在では、宗教団体であることを隠して、清掃奉仕や学童保育などをおこなうボランティア活動のためのサークルなどを装って学生を勧誘している。1960年代以降、同会の活動により旧統一教会に入信して学業を放棄し、旧統一教会の活動にのめり込む学生が続出して社会問題化したが、現在でも全国各地のさまざまな大学が CARP を含めた、宗教であ

第8節　旧統一教会についての私見　　157

ることを隠した勧誘活動に注意喚起をおこなっている。

　さて、以上で旧統一教会の問題点について論じてきたが、ある宗教事典では旧統一教会のことが次のように紹介されている。

統一教会の教義は、教典『原理講論』と教祖の「お言葉」および聖書により構成される。文鮮明によって解き明かされた統一原理は、創造原理、堕落論、復帰原理からなる。創造原理は宇宙の根本原理、神の創造目的が説かれ、堕落論では不幸の原因である原罪の真相が解き明かされる。原罪は後にサタンとなる堕天使ルーシェルと人類始祖のエバが姦淫・不倫を犯し、神に背いた悪の血統がアダムを経て人類のすべてに相続されているとされる。イエスによる十字架の救済は霊的なものにとどまり、神の救済計画（復帰摂理）は半ば失敗したが、神は再臨主を遣わした。その再臨主が文鮮明であり、霊肉ともに完全な救済をなすとされる。文夫妻の司会による「祝福」（合同結婚式）によって「無原罪の子」をなし、神を中心とする家庭を完成させるのが信者の目標である。

（井上，2005）

　確かに、『原理講論』には、

　　ユダヤ人たちがイエスを信じないで、彼を十字架につけたので、彼の肉身はサタンの侵入を受け、ついに殺害されたのである。［中略］こういうわけで、いくら篤信者であっても、イエスの十字架の贖罪では、肉的救いを完成することができなくなったのである。

また、

　　それゆえに、イエスは、すべての人類を、神の血統を受けた直系の子女として復帰するために、［文鮮明として］再臨されなければならないのである。

と書かれている。旧統一教会の教義では、イエスによる十字架の救済は半分失敗したがゆえに、イエスは文鮮明として再臨しなければならなかったとされているが、浅見定雄がいみじくも指摘しているように、ルーシェルなる天使は『旧約聖書』のヘブライ語原典のどこにも登場しない。したがって、ルーシェルがエバと不倫をはたらくこともありえない（浅見. 1987）。それ以前に、キリスト教の神は三位一体なので、イエスが失敗したということは、父なる神が失敗したことになるが、それは一神教の常識からしてありえないし、霊肉両面での救済はイエスによる贖罪ですでに完成しているというのがキリスト教の正統な立場であるということもつけ加えておきたい。

　最後に、この原稿を執筆中に、文部科学省が宗教法人法にもとづき旧統一教会の解散命令を東京地方裁判所に請求したことが報じられた。仮に東京地方裁判所が解散命令を出しても、旧統一教会が不服を申し立てれば、高等裁判所で解散命令の是非が審理されることになる。そして、最終的に解散命令が確定すれば、宗教法人の認証が取り消され、固定資産税の非課税などの優遇措置が受けられなくなるが、任意団体として宗教活動を続けることは可能である。それゆえに、仮に解散命令が出されたとしても、旧統一教会が任意団体として存続することになるのは確実である。わが国では信教の自由が保障されているので、この団体を完全に消滅させることは不可能であるが、今後この団体をどれだけ弱体化させることができるかは、われわれが旧統一教会の問題についてどれだけ関心を持ち続けることができるかにかかっていると言えよう。

# おわりに

　おわりに本書出版のいきさつについてお話をしたい。これまで私は研究者仲間と共著を何冊か出版してきた経験があるが、出版社はいずれも関西の出版社で、東京の出版社とはこれまでおつき合いがなかった。またこれまで私は手作りの印刷教材を用いて講義をしていて、そのことに何ら不便を感じず、教科書を書こうという気もなかった。そこへ東京の出版社から教科書執筆のオファーをいただき、大いに驚いたというのが正直なところであった。しかし、手作りの印刷教材を使用するよりは、何か教科書のようなものがあった方が受講生の便宜にもかなうと思い、有り難くそのオファーを受け入れることにした。ということで、本書の出版は勁草書房編集部の永田悠一様のお力添えよるところが非常に大きい。この場をお借りして厚く御礼を申しあげる次第である。

　最後に、日本人が宗教に目覚めるのはおよそ50歳前後であると言われている。したがって、ほとんどの若い受講生の方があまり宗教に興味が持てないのはいたしかたないのかもしれない。だが、当然のことながら、受講生の方もやがて歳を重ねていくことになる。もし受講生の方がある程度の年齢になり、宗教というものが身近に感じられるようになったら、できれば仏教やキリスト教などの伝統宗教に関心を持っていただきたいというのが私の率直な気持ちである。

# 主要参考文献

**事典・辞典類**

井上順孝編、2005、『現代宗教事典』、弘文堂

中村元・福永光司・田村芳朗・今野達・末木文美士編 2023、『岩波仏教辞典』第三版、岩波書店

大貫隆・名取四郎・宮本久雄・百瀬文晃編、2002、『岩波キリスト教辞典』、岩波書店

桑田秀延・手塚儀一郎・松本卓夫監修、1961/1989、『聖書事典』、日本キリスト教団出版社

大塚和夫・小杉泰・小松久男・東長靖・羽田正・山内昌之編、2002、『岩波イスラーム辞典』、岩波書店

國學院大學日本文化研究所編、1999、『【縮刷版】神道事典』、弘文館

**仏教に関する主要参考文献**

藤井正治著、1982、『仏教入門』、潮文社

水野弘元著、1971/1972、『仏教の基礎知識』、春秋社

日本仏教文化協会編、1958/1990、『現代語訳 仏教聖典 釈尊篇』、宗教印刷

太田久紀著、2000、『【新装版】唯識の読み方 凡夫が凡夫に呼びかける唯識』、大法輪閣

三枝充悳訳注、1984、『中論：縁起・空・中の思想』（上）（中）（下）、第三文明社

塩尻和子・津城寛文・吉水千鶴子監修、2008、『一冊でわかる イラストでわかる 図解 宗教史』成美堂出版

末木文美士著、2006、『思想としての仏教入門』、トランスビュー

塚本啓祥著、1976/1995、『仏教史入門』、第三文明社

瓜生津隆真著、2023、『【新装版】龍樹 空の論理と菩薩の道』、大法輪閣

横山紘一著、1976/1985、『唯識思想入門』、第三文明社

**キリスト教に関する主要参考文献**

土井かおる著、2004/2005、『よくわかるキリスト教』、PHP 出版

飯山雅史著、2008、『アメリカの宗教右派』、中央公論社

久米博著、1993、『キリスト教 その思想と歴史』、新曜社

キュンク、H 著、2020、『キリスト教 本質と歴史』、教文館

共同訳聖書実行委員会・日本聖書協会訳、2012『聖書 新共同訳　旧約聖書続編つき　引照つき』、日本聖書協会

松永希久夫著、1989/1992、『歴史の中のイエス像』、日本放送出版協会

内田和彦著、2001/2005、『イエスの生涯―エゴー・エイミ―』いのちのことば社

## イスラーム（イスラム教）に関する主要参考文献

ヘルツル、T 著、佐藤康彦訳、1991/2011、『ユダヤ人国家 ユダヤ人問題の現代的解決の試み』、法政大学出版局

小杉泰著、2002、『NHK 人間講座 イスラーム世界を読む』、日本放送出版協会

小杉泰著、1994/2004、『イスラームとは何か その宗教・文化・社会』、講談社

小杉泰著、2002/2014、『ムハンマド イスラームの源流をたずねて』、山川出版社

正木晃監修、2015/2016、『写真・図説満載で見て楽しめる！ 世界の宗教がまるごとわかる本』、桝出版社

中田考監修、2014/2020、『日亜対訳 クルアーン ［付］訳解と正統十読誦注解』、作品社

大川玲子著、2004、『聖典「クルアーン」の思想 イスラームの世界観』、講談社

高橋和夫著、1992、『アラブとイスラエル』、講談社

高橋和夫著、2024、『なぜガザは戦場になるのか イスラエルとパレスチナ 攻防の裏側』、ワニブックス

全国大学生活協同組合連合会、ハラルメニューの提供について https://www.univcoop.or.jp/service/food/halal.html

## 儒教に関する主要参考文献

加地伸行著、2011/2021、『沈黙の宗教―儒教』、筑摩書房

加地伸行著、2015/2023、『儒教とは何か 増補版』、中央公論社

金沢治訳注、1999、『論語』、岩波書店

佐々木宏幹著、1980/1993、『シャーマニズム』、中央公論社

山下龍二著、1991、『朱子学と反朱子学―日本における朱子学批判―』、研文社

## 神道に関する主要参考文献

井上順考編、1998/2002、『神道 日本生まれの宗教システム』、新曜社

石田一良編、1970、『日本の思想 14 神道思想集』、筑摩書房

河野省三編著、1939、『日本精神文献叢書 第三巻』、大東出版社

三橋健編、1995、『わが家の宗教 神道』、大法輪閣

本居宣長著、1934/1986、『うひ山ふみ 鈴屋答問録』、岩波書店

本居宣長撰、1942/2010、『古事記伝（三）』、岩波書店

阪倉篤義著、2011、『［増補］日本語の語源』、平凡社

薗田稔著、1997、『神道の世界』、弘文堂

## 新宗教に関する主要参考文献

阿部美哉編、1995/1998、『世界の宗教』、放送大学教材

浅見定雄著、1987/2008、『統一協会＝原理運動 その見極め方と対策』、日本キリスト教団
　　出版局
安藤治著、1993、『瞑想の精神医学―トランスパーソナル精神医学序説―』、春秋社
ヒック、J 著、1990/1994、『宗教多元主義 宗教理解のパラダイム変換』、法藏館
島田裕巳著、2007/2008、『日本の 10 大新宗教』、幻冬舎
島薗進著、1992/1995、『現代救済宗教論』、青弓社
島薗進著、1992/1995、『新新宗教と宗教ブーム』、岩波書店

# 索　引

### ア　行

アエノコト　116
アクル（'aql、理性）　94
アッラー　79, 84, 86, 88, 89, 92
天津罪（あまつつみ）　123, 124
天照大神（あまてらすおおみかみ）
　114, 121, 123, 126
阿頼耶識（あらやしき）　31-34
イエス（イエス・キリスト）　1, 46, 49,
　51-53, 55, 58-60, 62-69, 87, 158
意識（唯識論）　31-34
意識変容　147
イジュマー（ijmā'、合意、コンセンサス）
　93, 94
イスラーム法（sharī'a、シャリーア）
　92-94, 96
位牌（いはい）　108
忌部正通（いんべのまさみち）　121
ウラマー（'ulamā'）　93
ウンマ（umma、イスラーム共同体）
　83, 92
運命（dahr（ダフル）、qadar（カダル）、
　qaḍā'（カダー））　88
縁起の理法　7-9
「大祓詞（中臣寿詞）」（おおはらえのこと
　ば、なかとみのよごと）　117, 118
怨霊（おんりょう）　127, 128

### カ　行

戒律　17
学派神道　116
隔離型（新新宗教）　139-143, 151
カトリック（カトリック教会）　72, 73,
　75
神の愛　57, 58
神の国　58-60
賀茂真淵（かものまぶち）　118
カルヴァン（ジャン・カルヴァン、Calvin,
　Jean）　73, 74
関数（函数）主義　119, 120
喜捨（zakāt、ザカート）　89, 94
キサ（タ）ーゴータミー　13
忌避される行為（makrūh、マクルーフ）
　95
帰謬法（背理法）（きびゅうほう）　26
義務行為（wājib、ワージブ）　94
キヤース（qiyās、類推）　93
救済宗教　21
「旧」新宗教　129, 130, 134, 136, 139
『旧約聖書』　43, 44, 46, 49, 50, 87
教派神道　116
許容される行為（mubāḥ、ムバーフ）
　94
禁止行為（ḥarām、ハラーム）　95
空（くう）　29, 30
久遠実成（くおんじつじょう）　24

クシナガラ（クシナーラ）　16
『倶舎論』（くしゃろん）　20
国津罪（くにつつみ）　123, 124
『クルアーン（Qur'ān、コーラン）』　79,
　　81, 82, 84, 85, 87, 88, 93
顕教（けんき（ぎ）ょう）　35
原罪　49, 50, 125
現世利益　135, 139
五位七十五法　17-19
孝　1, 110, 111
孔子　1, 103, 111
皇室神道（宮廷神道）　115
国学　116, 119
『古語拾遺』（こごしゅうい）　117, 118
『御成敗式目（貞永式目)』（ごせいばいし
　　きもく（じょうえいしきもく))
　　127
『古事記』　117, 118, 122
個人参加型（新新宗教）　139, 140
国家神道　117, 121, 127
魂（儒教）（こん）　105, 107, 109, 110
根本分裂　16, 17

サ行
最後の審判　59
サマリア人　55, 56
サールナート（鹿野苑、ろくやおん）　9
三世実有・法体恒有（さんぜじつう・ほっ
　　たいごうう）　17, 18, 26
三法転展因果同時（さんぽうちんでんいん
　　がどうじ）　33, 34
三位一体　69, 70, 72, 158
シーア派　91-94
シオニズム運動　98, 100
自己の否定的転換　152
自己滅却的自己超越　151
自性（じしょう）　18, 28-30, 32
四（聖）諦　9, 12
自然宗教　1-3, 103, 113

十戒（じっかい）　50
使徒（rasūl、ラスール）　82, 87
ジブリール（Jibrīl、ガブリエル）　81,
　　82, 86
四法印　15, 16
枝末分裂（しまつぶんれつ）　17
釈尊（釈迦、世尊、仏陀）　1, 5-9, 12-
　　17, 20, 22, 24, 26
シャーマン（シャーマニズム）　107,
　　108, 111, 145
宗教改革　72, 75
種子（しゅうじ）　31-34
シュード・ニルヴァーナ（偽涅槃）　153
修養道徳型（「旧」新宗教）　136, 137
巡礼（ḥajj、ハッジ、ハッジュ）　90, 94
招魂復魄（しょうこんふくはく）　107
上座部（上座部仏教、南伝仏教）　17,
　　22, 23
小乗仏教（部派仏教）　22, 23, 25
生老病死（四苦）　7
贖罪（しょくざい）　58, 68, 158
信仰告白（shahāda、シャハーダ）　88
真言（しんごん）　36
神社神道　114
神主（しんしゅ）　108
新新宗教（第四期の新宗教）　129, 130,
　　139-142, 151
神人相依観（しんじんそうえかん）　127
『神代巻口訣』（じんだいまきのくけつ）
　　121
『新約聖書』　43, 46, 47, 52, 87
推奨される行為（mandūb、マンドゥー
　　ブ）　94
菅原道真　127
スンナ（sunna、慣行、習慣）　93
スンナ（スンニー）派　91-93
精神世界　144, 147-149, 152
説一切有部（せついっさいうぶ）　16,
　　17, 19, 20, 26, 29

禅（禅宗、禅仏教、禅家）　25, 40, 41,
　　152, 153
前五識　31-33
創唱宗教　1-3, 5, 79

タ　行
大衆部（だいしゅぶ）　17
大嘗祭（だいじょうさい）　115
大乗仏教（北伝仏教）　20-25, 30
断食（ṣawm、サウム）　90
知的思想型（「旧」新宗教）　136
中間型（新新宗教）　139, 140
中道（ちゅうどう）　15, 16
『中論』（ちゅうろん）　26-30
中観派（ちゅうがんは）　26
ツヴィングリ（フルドリッヒ・ツヴィング
　　リ、Zwingli, Huldrych）　73
天使（malak（マラク）、malā'ika（マラー
　　イカ））　86
転識得智（てんじきとくち）　34
土着創唱型（「旧」新宗教）　136, 137
土着創唱型と知的思想型の混合型（「旧」
　　新宗教）　136, 138

ナ　行
ナザレ　52
新嘗祭（にいなめさい）　115
『日本書紀』　113, 117, 118, 122
如来蔵思想（にょらいぞうしそう）　35
念仏（浄土仏教）　25, 36, 40, 41

ハ　行
魄（儒教）（はく）　105, 107, 109, 110
八識説　31-33
八正（聖）道（はっしょうどう）　9, 10,
　　12
初宮参り　115
初詣　115, 118
バプテスマのヨハネ（洗礼者ヨハネ）

52, 55
祓（はらえ）　125
ハラ（ー）ル　96, 97
パリサイ派（パリサイ人、パリサイびと）
　　52, 59, 62-64
「バルフォア宣言」　99, 100
パレスチナ問題　98, 100-102
ヒジュラ（聖遷）　83
病気なおし　135, 139
平田篤胤（ひらたあつたね）　116
福音派（福音派プロテスタント）（ふくい
　　んは）　75-78
ブッダガヤー　7
仏塔崇拝　22
部派仏教　17, 20
プロテスタント　75, 76
ベツレヘム　52
菩薩　24, 25
本地垂迹説（ほんじすいじゃくせつ）
　　119

マ　行
魔境　153
マッカ（メッカ）　79, 80, 82, 89, 90
マディーナ（メディナ）　79, 83
『マディーナ憲章』　83
末那識（まなしき）　31, 32, 34
マールンキャプッタ　14
曼荼羅（まんだら）　36
禊（みそぎ）　125
密教　35, 37
民俗神道　115
無自性　30
ムハンマド　79-84, 88, 89, 93
本居宣長（もとおりのりなが）　116,
　　121, 122, 126

ヤ　行
八百万神（やおよろずのかみ）　118

靖国神社　127, 128
唯識派　26, 30, 31
預言者　82, 87, 93

## ラ　行
来世（ākhira、アーヒラ）　88
律法　50-52, 59, 63, 64
龍樹（竜樹、ナーガールジュナ）　26, 29

『令義解』（りょうぎのげ）　117, 118
ルター（マルティン・ルター、Luther,
　　Martin）　72, 73
ルンビニー　5
霊感商法　154, 155
礼拝（ṣalāt、サラート）　89, 94
『論語』　103-105

著者紹介
京都大学文学研究科宗教学専攻博士課程学修退学。現在は大阪経済大学非常勤講師、近畿大学非常勤講師。著書に『宗教の根源性と現代 第3巻』（分担執筆、2002、晃洋書房）、『欲望・身体・生命——人間とは何か』（分担執筆、1998、昭和堂）がある。

---

世界と日本の宗教
宗教初心者のための宗教入門

2025年4月20日　第1版第1刷発行

　　著　者　森　本　　　聡
　　発行者　井　村　寿　人

　　発行所　株式会社　勁草書房
112-0005　東京都文京区水道2-1-1　振替 00150-2-175253
　　　（編集）電話 03-3815-5277／FAX 03-3814-6968
　　　（営業）電話 03-3814-6861／FAX 03-3814-6854
　　　　　　大日本法令印刷・中永製本所

©MORIMOTO Satoshi 2025

ISBN978-4-326-10350-8　　Printed in Japan

〈出版者著作権管理機構 委託出版物〉
本書の無断複製は著作権法上での例外を除き禁じられています。
複製される場合は、そのつど事前に、出版者著作権管理機構
（電話 03-5244-5088、FAX 03-5244-5089、e-mail: info@jcopy.or.jp）
の許諾を得てください。

＊落丁本・乱丁本はお取替いたします。
　ご感想・お問い合わせは小社ホームページから
　お願いいたします。

https://www.keisoshobo.co.jp

岸　清香
## 基礎から学ぶ宗教と宗教文化
宗教になじみの薄い日本人大学生を対象に、キリスト教、イスラム教、
ヒンドゥー教など、主要な宗教の概要を分かりやすく伝える。　　　　2640 円

宇都宮輝夫
## 宗教の見方──人はなぜ信じるのか
宗教とは何か、なぜ人は宗教を信じるのか、宗教を信じてどうなるの
か。根源的な問いを非宗教的な態度で論じる、新しい宗教学。　　　2640 円

武藤慎一
## 宗教を再考する──中東を要に、東西へ
日本人にはなじみがない「宗教」を理解するために、宗教と非宗教の
間に立ち、風土と言語を軸として、世界的な宗教の見取り図を描く。　2530 円

古川敬康
## キリスト教概論──新たなキリスト教の架け橋
科学の時代である今日にキリスト教を学ぶ意義とは。聖書の「おとぎ
話」の背後にある当時の人の経験と感覚が捉えた意味を平易に解説。　2530 円

井ノ口哲也
## 入門　中国思想史
夏王朝から中華人民共和国までというこれまでにないスケールで、時
代ごとの中国思想の特質を平易に解説。新しい中国思想史の描き方。　3080 円

高橋典史・塚田穂高・岡本亮輔 編著
## 宗教と社会のフロンティア──宗教社会学からみる現代日本
社会のさまざまな領域と結びつき、私たちの慣習や価値観の中に溶け
込んだ形で存在する日本の宗教を、気鋭の若手が初学者向けに解説。　2970 円

────────────────────────────────── 勁草書房刊

＊表示価格は 2025 年 4 月現在。消費税（10％）が含まれています。